이재명 공직자론

이재명 공직자론

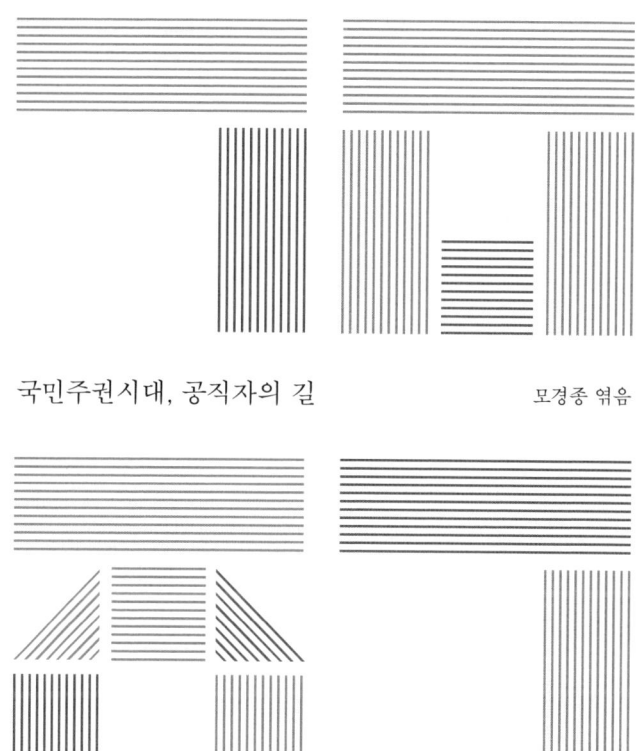

국민주권시대, 공직자의 길

모경종 엮음

메디치

국민을 섬기는 일을 선택할 모든 이들에게

— 이재명(제21대 대한민국 대통령)

국민을 위해 일하던 순간마다 제 곁에서 유독 날카로운 질문을 던지던 한 청년이 있었습니다. 청년의 시각에서 정책의 본질을 탐구했던 그가 바로 경기도에서, 국회에서 함께 공직자의 길을 걸었던 모경종 의원입니다.

그런 그가 처음 만난 날 나누었던 '더 낮은 자세'라는 한마디를 붙들고 고민하며 '공직자론'에 대한 책을 엮어냈습니다. 공직의 책임을 잊지 않는 정치인으로 성장하고 있다는 생각에 감회가 새롭고, 또 뿌듯한 마음입니다.

공직자란 공적 권한을 위임받은 대리인으로, 명예나 권력을 누리는 자리가 아니라 국민을 위해 일하는 일꾼입니다. 당연한 말 같아도 '군림하는 지배자'로 전락한 공직자가 나라를 도탄에 빠뜨리는 모습을 뼈저리게 경험했기에,

4

우리 모두 잊지 말아야 할 공직의 본령입니다.

국민을 섬기는 일을 선택할 모든 이들에게, 이 나라의 주인으로서 훌륭한 도구를 고르고 싶은 모든 국민께 이 책이 훌륭한 길잡이가 되어주리라 믿습니다.

차례

추천의 말 국민을 섬기는 일을 선택할 모든 이들에게   4

들어가며 대한민국 공직자의 길을 묻다   8

1장   국민주권시대란 무엇인가

1 왜 지금 이재명의 공직자론인가   14

2 국민주권의 현실화   18

3 국민주권시대에 필요한 공직자의 자세   22

4 선출직과 임명직 공무원, 그리고 '늘공'   25

2장   이재명 공직자론의 진화 과정

1 성남시장, 이재명 공직자론의 시작   30

2 경기도지사, 대한민국의 축소판을 경험하다   35

3 국회의원, 행정에서 입법으로   39

3장 공직자의 길

1 공직자가 하는 일, 해야만 하는 일   44

2 공직자와 국민의 관계   48

3 복지부동에서 일하는 공직 문화로   52

4 현장 소통을 중시하는 이재명의 공직자론   58

5 공직자의 덕목 세 가지   64

6 이재명식 인사의 원칙   68

4장 이재명 대통령 〈국민주권시대, 공직자의 길〉 연설문 모음

1 국민주권시대, 공직자의 길   76
    — 국민과 함께 만들다

2 국민주권시대, 공직자의 길   120
    — 국민을 향해 한걸음 더

대한민국 공직자의 길을 묻다

이 책은 2025년 6월 4일부터 2030년 6월 3일까지 대한민국을 대표하게 된 이재명 대통령의 공직 사회관, 공직자관을 정리한 것입니다. 공신력을 확보하기 위해 대통령 취임 후 직접 얘기한 내용을 중심으로 정리했습니다. 한마디로 대통령이 공직 사회를 어떻게 바라보며 어떤 공직자를 원하는지 담아본 책입니다.

이 대통령은 행정 전문가입니다. 행정은 이론이 아닌 실행입니다. 성남시장 8년, 경기지사 4년, 이제 시작한 대통령 임기 5년까지 행정가로서 합계 17년은 단순히 세월로 따져도 긴 기간입니다. 대한민국의 행정 책임자인 이재명이 갖고 있는 공직 사회관, 공직자관을 널리 알려 독자 여러분이 이재명 정부 시대에 업무를 하는 데 도움이 되면 좋겠다는 마음으로 이 책을 정리하게 되었습니다.

돌이켜 보면 이재명 대통령은 첫 만남부터 파격이었

습니다. "항상 생각하는 것 이상으로 훨씬 더 낮은 자세로 임하셔야 합니다." 2019년 10월 경기도 청년비서관으로서 이재명 경기도지사와 처음 독대할 때 그가 제게 건넨 첫마디였습니다. 경어 사용도, 당부의 내용도 뜻밖이었습니다. 의례적인 환영 인사나 가벼운 축사가 아니었습니다. 짧은 말이었지만 앞으로 제가 마주할 자리가 무엇인지, 공직자는 어떤 무게를 감당해야 하는지 일깨워주었습니다. 이 대통령에게는 '공직자=국민 머슴'이라는 의식이 선명하게 박혀 있습니다.

첫 마디를 듣고 막 임용된 청년비서관의 마음속에서는 '그렇다면 공직자는 어떻게 일해야 하는가'라는 질문이 시작되었습니다. 공직자의 한 사람으로서 독자(이신 공무원) 여러분처럼 저 또한 출발점에서 고민이 시작되었습니다. 일의 기획과 추진, 점검은 어떻게 하며, 주권자이자 납세자, 주인인 국민은 어떻게 대할 것이며, 밖으로부터의 압력과 유혹, 안으로부터의 타협과 유혹에는 어떻게 대처해야 할지, 도덕적으로 업무적으로 최고의 목표치를 어떻게 추구할 것인지 여러 고민을 지금까지도 하고 있습니다. 이재명은 이 점에서 살아 있는 교훈이었습니다.

공직자에게는 권한에 아울러 책임이 있습니다. 공직자

는 국가와 공공단체의 일을 맡아 수행하는 사람을 가리킵니다. 소위 늘공과 어공이 모두 포함됩니다. 공직자는 국민이 위임한 권한을 대신 행사하며, 때로는 위기 앞에서 중대한 결단을 내려야 합니다. 그렇기에 공직자의 어깨에는 다른 직업들보다 무거운 공적 책임이 지워져 있습니다.

그 책임은 곧 공직자 스스로에게 던져야 할 물음으로 이어집니다. '나는 누구를 위해 일하는가, 무엇을 지켜야 하는가?' 제가 곁에서 지켜본 이재명은 이 질문 앞에서 늘 흔들림이 없었습니다. 공직자로서 흔들리지 않는다는 것은 생각보다 더 어려운 일입니다. 권력의 자리에 오르면 온갖 유혹과 압력이 몰려들기 때문입니다. 그래서 '국민의 머슴'으로 살아가기 위해서는 매 순간 본분을 지키려는 끊임없는 노력이 필요합니다.

이재명은 혹독한 수사와 재판으로 하루하루가 무너질 듯한 시간 속에서도 국민을 위한 고민을 멈추지 않았습니다. 법정에 다녀온 날 밤에도, 불의에 맞서 단식을 하는 순간에도, 현안을 두고 밤을 새우며 고민했습니다. 누군가가 이재명을 악마화하는 동안, 이재명은 공직자로서의 책임을 다하고 할 일을 완수하기 위해 더욱 쉼 없이 움직였습니다. 그리고 공직자로서의 책무를 끝까지 지켜온 이재명에게 국민은 이제 새로운 대한민국을 이끌어갈 권한과 의무를 위임했습니다. 모두가 이재명처럼 할 수 없고, 그럴 필요도 없지만 유사시 이재명의 역정을 대입하면 행정부 수반으로서 그가 어떤 경우에 어떻게 나아갈지 예측하고 대비하는데 도움이 될 것입니다.

요즘도 저에게 이재명이 시장이어서, 도지사여서 참 행복했다고 말씀하시는 분들이 많습니다. 그들의 기억 속 이재명은 언제나 사람들과 눈을 마주하며 이야기를 듣는 사람이었습니다. 답답했던 민원을 시원하게 해결해주고, 작은 목소리에도 세심하게 귀 기울이며 시민들의 불편함을 놓치지 않는 공직자다운 공직자였습니다. 추석 연휴를 앞두고 "공직자가 휴일이 어딨나"라고 얘기해 듣는 사람들을 기함하게 했지만 '근면하게 업무에 임하자(勤政)'는 뜻으로 받아들이시면 될 듯합니다.

대한민국은 불법 비상계엄과 탄핵을 거쳐 국민주권정부를 출범시켰습니다. 공직자의 할 일이 참 많습니다. 의료 대란 등 전 정부 시절의 과오, 산업과 경제의 활성화, 미국의 관세 투자압력 해결 같은 현안 과제 외에도 미래를 위해 헤치고 나아가야 할 정책 과제도 많습니다. 빼놓을 수 없는 당면 과제가 너무도 많아 제가 열거하는 게 자칫

죄송할 정도입니다. 어쨌든 지금 시대에는, 우리 사회에는, 더 많은 '이재명'이 필요합니다. 국민을 위해 일하는 것을 최고의 가치로 여기고, 작은 목소리에도 귀기울이며, 실패를 두려워하지 않고 도전하는 공직자들이 필요합니다. 그래야 멈춰 있던 5,200만 국민의 시간이 다시 움직이고, 대한민국이 국민이 주인인 나라로 나아갈 수 있습니다.

이재명이라는 공직자 옆에서 진정한 공직자는 어떠해야 하는지 보고 배울 수 있었습니다. 이 책은 공직자 이재명을 지켜보며 다듬어온 제 생각과 일화도 일부 있지만 대부분 이재명이 공직자에 관해 이야기해온 내용을 담은 것입니다. 독자 여러분이 이 책을 읽으며 국민이 맡긴 권력을 어떻게 사용해야 하는지, 공직자는 어떠해야 하는지에 대한 답을 함께 찾을 수 있기를 바랍니다.

그리하여 대한민국의 공직자들이 이재명보다 더 이재명다운 공직자의 길을 걸어갈 수 있기를, 그리고 그 길의 끝에는 '국민이 행복한 대한민국'이 자리하기를 바랍니다.

2025년 11월
모경종

1장

국민주권시대란 무엇인가

1
왜 지금 이재명의 공직자론인가

한국 사회를 바꿀 수 있는 도구는 여러 가지가 있겠지만 국민의 삶과 가장 밀접한 건 결국 행정입니다. 그렇기에 행정을 맡은 공직자들이 어떤 생각을 가지고, 어떤 행위를 하느냐가 중요합니다.

현재 한국 사회가 구조적 위기에 처해 있다는 걸 부정하는 사람은 없을 것 입니다. 불평등이 심화된 지는 오래됐고, 저출생과 고령화도 오래된 문제입니다. 이에 더해 기후 위기도 전 국민적 관심사이고, 지방 소멸에 대한 이야기도 계속 나오고 있습니다. 그런데 이 문제들이 각각의 단일한 주제로 국민의 삶에 영향을 미치는 게 아닙니다. 복합적으로 상호 작용을 하면서 국민의 삶에 영향을 끼치고 있습니다.

이러한 대한민국이 처한 여러 가지 복합적인 위기에 기존 방식으로 대응해서는 문제 해결이 어렵습니다. 따라서 지금은 여러 가지 현실적인 대응이 가능한 지도자가 필요합니다. 과연 그런 지도자가 누구일까를 따져봤을 때, 이재명이라는 사람이 가장 현시대에 맞는 지도자 모델이지 않을까라는 생각이 들었습니다. 그동안 공직자로서 해왔던 모습을 살펴봤을 때 말이죠. 이재명 대통령이 공직자로서 했던 말과 행동이야말로 지금 우리에게 필요한 답이 될 수 있습니다.

이재명은 흔히 말하는 '소년공'으로 사회에 첫발을 내딛었습니다. 학교에 다닐 여건조차 부족했지만, 그 한계를 넘어서는 삶의 의지로 지금의 자리까지 올라온 인물입니다. 검정고시를 통해 변호사가 되었고, 지방자치단체장이 되었고, 그다음에 국회의원으로 중앙 정치 무대를 경험하고 대통령이라는 대한민국 국가 원수, 행정 수반이 된 사람입니다. 한마디로 표현하면 자수성가의 서사를 가진 인물이죠. 한 인물이 삶에서 이렇게 다양한 영역의 스펙트럼을 가지기는 어렵습니다.

보통은 본인이 태어나고 성장한 특정 환경에서 크게 벗어나지 못하는 사람이 많은데, 이재명은 다양한 스펙트럼이 있는 서사를 가지고 있습니다. 이런 점에서 그는 한국이 처한 복합적인 문제를 해결하는 데 있어 정답에 근접할 수 있는 서사를 가지고 있다고 볼 수 있습니다. 여러 고민을 비롯해 할 수 있는 이야기가 많을 테고요.

아마도 이재명이라는 사람은 성장하면서 많은 갈등을 겪어봤을 겁니다. 직접적으로 겪은 갈등이든 간접적으로 목격한 갈등이든, 이를 해결하는 과정에서 이미 구체적인 행정 경험이 쌓여 있는 겁니다.

생활형 리더십

이재명은 구체적이고 현실적인 현장의 문제를 직접 부딪치면서 공직자로서의 태도를 비롯한 여러 모습을 수정하고 지속적으로 성장하면서 실력을 키워온 사람입니다. 저는 이 실력을 '생활형 리더십'이라고 부릅니다.

생활형 리더십은 늘 주민 곁에서 함께 살아가며, 생활의 문제를 가장 먼저, 가장 정확하게 파악하고 해결하는 리더십입니다. 이를 제대로 발휘하기 위해서는 교과서나 매뉴얼 속 정답에 의존하지 않고, 국민의 삶 속에서 해답을 찾아내려는 자세, 수많은 변수와 다양한 환경을 현명하게 헤쳐 나가는 유연함, 더 효율적이고 정확한 대안을 모색하는 지속적인 문제 해결 능력이 필요합니다.

특히 지금 시점에서 공직자나 지도자는 이러한 생활

형 리더십을 갖추고 있어야만 국민의 생활에 영향을 미치는 일들을 제대로 할 수 있습니다. 이러한 점들이 이재명이 걸어온 모습에 기반한 공직자론이 필요하다고 생각한 이유입니다.

'준비된 대통령', '이재명은 합니다'와 같은 이미지는 이재명 스스로 변화해오면서 만들어낸 것입니다. 스스로 변화하기 위해 이재명은 주변 사람들과 함께 결국에는 어떤 협의를 만들어냅니다. 그는 자기 생각에 안주하지 않아야 한다는 강력한 철칙이 있습니다. 그렇기에 본인이 생각했던 내용이 누가 봐도 정답이라는 생각이 들어도 그 반대편의 이야기를 꼭 듣습니다. 누군가와의 논쟁을 통해서든 일종의 협의체를 통해서든, 반드시 들어보고 본인의 노선을 수정하는 방향을 택합니다.

본인만이 옳다는 아집을 가진 공직자나 지도자를 우리는 흔히 볼 수 있습니다. 그러나 공직자 이재명은 그렇지 않습니다. 이재명은 끊임없이 수정, 진화하는 원동력을 가진 인물입니다. 스스로 '자기 생각에 안주하지 않아야 한다', '한쪽에 치우친 생각일 수도 있다'라는 전제를 항상 지니고 있기 때문에 상대방의 이야기를 어떻게 해서든 듣는 것이죠. 이러한 자세야말로 공직자에게 필요합니다.

2
국민주권의 현실화

직접민주주의에 대한 국민의 목마름

이재명 대통령은 "국민이 주인이다"라고 이전부터 말해왔죠. '국민이 주인'이라는 내용이 헌법에 핵심으로 담겨 있음*에도 불구하고, 실제 행정이나 국정 운영은 엘리트 관료나 그들로 구성된 정부와 정치권을 중심으로 결정되었습니다. 하지만 이제는 정치나 행정, 사회 어느 분야 할 것 없이 "국민의 참여가 필요하다"는 이야기뿐만 아니라 국민이 참여할 수단도 갖춰졌다는 게 중론입니다.

국민들의 직접민주주의에 대한 목마름은 예전부터 있었지만 이를 실현할 수단 자체가 마땅치 않았죠. 그러다 보니 일부 엘리트와 관료, 그들이 구성하는 정부가 행정을 주

---

*　대한민국 헌법 제1조 ① 대한민국은 민주공화국이다. ② 대한민국의 주권은 국민에게 있고, 모든 권력은 국민으로부터 나온다.

도하는 공직 사회가 주를 이뤄왔는데, 이제는 여기에서 벗어나 직접민주주의가 가능한 상태가 됐다는 공감대가 어느 정도 형성되었습니다. 이를 기반으로 국민들이 이제는 국민주권을 행사할 수 있다는 자신감을 갖게 되었습니다.

이전에는 선거 때 투표하는 것 외에는 국민이 주권을 행사하는 방법이 마땅치 않았습니다. 하지만 주민참여예산제도를 통해서든 SNS를 통해 의견을 표출하든, 국민들이 의사결정에 참여할 다양한 방법이 그동안 많이 축적됐죠. 행정에서도 국민들은 기존 공직 사회가 일방적으로 의사결정을 내리는 것 자체에 반감을 갖게 되었습니다. 본인의 삶이 아무리 바쁘더라도 자기 지역에서 돌아가는 일을 비롯해 정부가 하는 일, 심지어 국제무대에서 국가가 어떤 외교를 하는지에 이르기까지, 국민들은 다양한 의견을 개진하면서 여론을 표출하고 있습니다.

국민주권시대란 무엇인지 질문에 대한 답을 다시금 종합해보면 첫째, 국민주권시대는 처음으로 국민이 주체성을 가진 시대입니다. 정책 수혜자나 팔로우로서의 국민이 아니라, 스스로 주인으로서 국가 운영을 함께한다는 주체성을 가지게 된 시대입니다. 두 번째는 단순 참여를 넘어서 연대할 수 있는 시대가 되었다는 겁니다. 국민들이 단순히 SNS나 커뮤니티에 글을 올리는 게 아니라, 자신과 같은 의견을 가진 사람들과 연대하고 협력해서 의사 표현을 하고, 광장으로 나와 처음 보는 사람들과도 연대하는 시대입니다. 마지막으로 책임정치 시대의 도래입니다. 국민이 뽑은 공직자가 행정에서 특정 역할을 했을 때, 그 행정이 국민 눈높이에 이르지 못한다면 그 부분에 대해 책임지도록 하는 시대입니다. 책임성과 투명성이 국민주권시대의 대표적인 모습입니다.

국민주권시대가 지속 가능하려면

만약에 이재명이 사라진 이후는 어떻게 될까요? 국민주권시대가 지속될 수 있을까요? 국민주권시대가 지속 가능하려면 시스템을 갖춘 정당의 역할이 중요합니다. 답은 정당정치의 정상화에 있죠. 공직자, 특히 선출직 공직자를 중심으로 논의해보면 어떤 사람을 국민 앞에 내세울 것인가가 중요한데, 그런 역할을 하는 정당이 시스템을 잘 갖춰야 합니다.

이재명 대통령이 민주당 대표였던 시절에 치른 총선의 결과가 이번 계엄 사태에서 유의미한 결과를 만드는 초

석이 됐습니다. 당시 이재명 대표에게 총선 과정에서 어떤 사람을 당에서 공천해서 국민의 도구로 쓰이게 할 것인가에 관한 명확한 관점이 있었기 때문에 비교적 성공적인 공천이 가능했습니다.

이재명 대통령은 공직자가 "국민의 도구다"라는 말을 항상 합니다. "머슴"이라고 표현한 적도 많지만 "도구"라고 표현하는 것의 함의는, 선출직 공직자가 공직 사회의 플레이어로서 주체성을 인식하기 전에 정당을 통해 국민을 대리하도록 공천을 받은, '하나의 도구'임을 인식해야 한다는 겁니다. 결국 정당의 역할을 강화하는 것이 특정 리더에 의해서 정치 문화가 좌지우지되지 않을 유일한 방법입니다.

이재명 대통령은 국민 대다수가 명령한 내용을 실행하는 도구로서의 공직자 역할을 하고 있습니다. 민주당을 통해서든 정부를 통해서든 대통령이라는 헌법 기관의 모습이든, 국민의 도구로서 그 역할을 하고 있는 겁니다.

3
국민주권시대에 필요한 공직자의 자세

이재명 대통령은 "공직자의 1시간은 전 국민 5,200만 시간의 가치가 있다"고 말합니다. 공직의 무거움을 '파초선(파초 잎 모양의 부채)'에 비유하기도 했죠. 《서유기》에 등장하는 파초선은 작은 부채질에도 태풍이 불어 세상이 뒤집어집니다. 권력 역시 작은 관심과 어떤 판단으로 누군가의 생사를 결정지을 수 있고, 심하게는 나라의 흥망까지도 좌우합니다.

공직자는 스스로 내리는 판단의 무게를 잘 알고 있는 것이 중요합니다. 선출직이든 임명직이든 일반 공무원이든, 국민을 위하지 않는다고 말하는 사람은 당연히 아무도 없을 거예요. 중요한 것은 단순히 선언하는 걸 넘어 국민의 삶을 실제로 개선하는 것에 대한 의지가 얼마나 있는지, '국민은 국가의 주인이고, 나는 주인을 위해 일하는 도구다'라는 생각을 갖고 있는지입니다.

공직자는 보고서 한 장을 쓰더라도 얼마나 많은 사람이 영향을 받을지 항상 생각해야 합니다. 스스로 '국민 위에 있다'거나 '권력과 권한을 가지고 있다'고 생각할 게 아니라, 항상 '나 역시 국민이고, 국민과 함께한다'라는 생각을 가지고 동등한 주체로서 공직에 임한다는 자세를 가져야 합니다.

공직자에게 요구되는 전통적인 명제나 가치관, 즉 투명성·공정성·청렴성은 물론 공직자 스스로의 자세를 낮추는, 그러니까 공직자는 국민과 똑같은 국민의 한 사람이라는 생각이 중요합니다. 제가 공직에 처음 들어왔을 때 당시 경기도지사였던 이재명 대통령이 제게 처음 했던 말이 "공직자는 자세를 낮춰야 합니다"였습니다. 그러면서 "국민이 보기에 공직자는 위에 있는 사람이다. 공직자가 아무리 겸손한 마음을 가지고 자세를 낮춘다고 생각하더라도 국민 입장에서는 동등하다고 생각하지 않는다. 그러므로 본인이 생각하는 것보다 더 낮춰야 한다"라고 말했습니다.

이 말은 결국 공직자는 항상 국민보다 낮은 위치에서 생각하고, 국민과 함께 호흡한다는 자세가 중요하다는 겁니다. 어떤 유형의 공직자든 절대로 선민의식, 특권의식을 가져서는 안 됩니다. 공직에 있다 보면 주어진 권한에 취하게 될 위험이 있습니다. 따라서 스스로가 특별하지 않다는 생각을 꼭 가져야 합니다. 나 역시 지역에서 함께 생활하는 한 명의 국민이자 시민이라는 생각을 갖고, 거기서부터 시작해야 합니다.

방법론 측면에서 덧붙이자면, 온라인 채널을 활용하는 게 중요합니다. 옛날에는 "현장에 답이 있으니 발로 뛰어야 한다"는 이야기를 많이 했습니다. 물론 현장에도 당연히 답이 있습니다. 하지만 요즘에는 공직자가 온라인을 통해 얼마나 효율적으로 많은 정보와 상황을 파악하고 있는지도 중요합니다. 단순한 검색 작업을 말하는 게 아닙니다. 업무 관련 SNS나 커뮤니티 등 많은 영역에 본인이 직접 들어가 살펴보는 겁니다. 시대에 맞춰 국민들에게 필요한 게 무엇인지 발품 파는 방법을 찾는 자세 또한 중요합니다.

4
선출직과 임명직 공무원, 그리고 '늘공'

선출직 공무원은 국민의 의사를 직접적으로 대변하는 대리인입니다. 법적으로 권한을 국민이 직접 위임한 존재죠. 선출직 공직자는 상대적으로 다른 공무원 유형보다 국민의 뜻에 맞춰 움직여야 합니다. 본인을 뽑아준 국민에 반하는 의사결정을 하면 안 되는 거죠. 동시에 선출직은 임기가 정해져 있습니다. 그러므로 임기 동안 얼마나 신속하게 움직일 수 있는지가 중요합니다.

반면에 임명직은 선출직으로부터 임명받은 것이므로 한 단계를 더 거쳐 공직자가 된 것이죠. 따라서 무언가 결정을 내리는 과정에서 본인을 임명해준 사람과의 팀워크가 중요합니다. 임명직은 선출직을 중심으로 일사불란하게 움직이는 그룹의 일부인 셈입니다. 국민의 의사에 따라 결정을 내리는 선출직은, 결정을 진행하는 과정에 있어서 법이나 제도 등 준수해야 할 부분이 많습니다. 이 부분에 중심을 잡고 선출직이 올바른 길로 갈 수 있도록 만드는 게 임명직의 역할입니다.

임명직이든 선출직이든 국민을 섬기는 자세를 갖고 국민의 삶을 위해 뜁니다. 차이점은 선출직은 정치적인 대표성을 가진 만큼 국민의 의사를 더욱 선명하게 실현하는 데 집중해야 하고, 그러한 선출직이 임명한 임명직은 전문성을 갖추고 일을 진행할 때 안정성을 더하는 방향의 역할을 해야 합니다.

이번엔 소위 '늘공'에 대해 이야기해보겠습니다. 선출직이건 임명직이건 '어공'들이 공직 사회의 일원이 됐을 때, '늘공'은 이들을 뒷받침하고 일을 구체적으로 실현해주는 일종의 기술자, 팀원입니다. 공직 사회를 자동차에 비유한다면 새로운 차량의 설계도를 그려내 실제로 만들어낼 때 어공은 새로운 차량의 설계도를 그리는 디자이너에 가깝습니다. 국민이 원하는 방향, 시대가 요구하는 목표를 담아내는 큰 그림을 제시합니다. 늘공은 그 설계도를 현실로 구현하는 기술자입니다. 안전 규정, 엔진 규격, 정밀한 제작 과정 등 실제로 차량이 도로 위에서 달릴 수 있도록 완성해냅니다.

이 둘이 협력하지 않으면 차는 완성되지 않습니다. 설

계만 있고 제작이 없으면 차는 그림의 떡에 불과하고, 제작만 있고 설계가 없으면 방향을 잃습니다. 선출직 어공과 비선출직 늘공이 각자의 역할을 다해 힘을 합칠 때 비로소 하나의 정책이 완성되는 것입니다.

공직자의 기강

선출직 공무원은 국민으로부터 직접 권한을 위임받았기 때문에 임명직 공무원보다 일을 할 때 마음가짐이 좀 더 무겁고 책임감이 클 수밖에 없습니다. 따라서 선출직 공무원이 임명직 공무원을 통제해야 하죠. 제도적으로도 장치가 있습니다. 공직 기강을 챙기는 대통령실 공직기강비서관실이 대표적이죠.

하지만 결국 임명직 공직자를 아우르는 선출직 공직자의 리더십이나, 임명직 공직자의 마음가짐과 의지가 가장 중요합니다. 인사 문제가 어디에서 발생할지 예상하기 어려우므로, 인사 검증 시스템과 해당 인사를 임명한 이후에도 지속적으로 견제와 감시를 할 수 있는 조직에 힘을 실어주는 게 중요합니다.

제가 이재명 대통령을 경기도지사 시절 보좌했을 때,

경기도지사실 내 비서실이 그런 역할을 했습니다. 공공기관장을 비롯한 수많은 임명직 공직자들의 업무 수행을 확인하면서 특정 지시를 내리는 게 도지사를 비롯한 비서실의 역할이었어요. 경기도 공직 사회의 자정 작용이 관건이었습니다. 이를 위해서는 신상필벌이 가장 중요했죠. 이재명 도지사는 흔히 말하는 '읍참마속'을 참 많이 해왔습니다. 아무리 가까운 사람일지언정 문제가 있는 사람을 끊어낼 수 있는지가 중요했죠.

2장

이재명 공직자론의 진화 과정

1
성남시장, 이재명 공직자론의 시작

이재명 대통령이 성남시장에 취임했을 당시는 전임 시장이 말 그대로 방만한 재정 운영과 행정을 해서 부채가 어마어마하게 쌓여 있는 상태였습니다. 이 시기 이재명 시장은 국민이 낸 세금, 시민이 낸 세금을 한 푼이라도 허투루 쓰면 안 된다는 생각을 가지고 공직을 시작했습니다. 그만큼 성남시의 상황이 매우 처절하고 열악했죠.

열린 행정

행정을 하는 많은 사람이 검은 유혹에 휩싸이게 됩니다. 여러 업자로부터 다가오는 검은돈의 유혹에 좌지우지되는 경우를 많이 봤는데, 이재명 시장은 아예 시장실에 CCTV를 설치했습니다. 스스로가 유혹에 흔들리지 않겠다는 의지는 물론, 그렇게 되기 위한 여러 현실적이고 물리적인 장치들을 주변에 두고 공직 생활을 시작한 겁니다. 이렇게까지 하지 않고서는 성남시의 열악한 상황을 이겨낼 수 없겠다는 생각도 한 겁니다.

그리고 본인이 일한 내용을 알리는 것 역시 중요하다고 생각했습니다. '열린 시장실'로 주민들에게 메시지를 던진 겁니다. 시장이 어떻게 일하고 있는지 언제든지 보여줌과 동시에 이렇게 열려 있는 시장실에서 내가 어떤 부정한 일을 저지를 수 있겠냐는 모습을 보여준 거죠.

그러니까 CCTV는 두 가지 역할을 했습니다. 검은 유혹으로부터 자기 자신을 지키는 역할과 아울러 본인이 얼마만큼 일을 제대로 하고 있는지 시민들에게 보여주는 역할을 한 것입니다. 일하면서 이런 양면적인 성격을 가진 요소를 찾아내는 게 이재명의 능력입니다.

성남시장 시절 유명한 일화가 있습니다. 성남시에는 한강으로 흘러가는 하천인 탄천이 지나갑니다. 이곳을 이재명 시장이 보좌진과 매일 걸어 다녔습니다. 매일 걸어 다니면서 만나는 주민 한 사람 한 사람에게 무엇이 필요한지 물어보고 시시콜콜한 내용까지 다 받아서 적어 갔다고 합니다. 그리고 바로 다음 날 해결할 수 있는 부분이면 최대한 해결하고 바로 민원인에게 연락을 했다고 합니다. 주민들의 피부에 와닿는 행정을 한 것이죠.

　성남시장이라고 1년에 한 번 만날까 말까 한 사람이 아니라, 그냥 동네 하천에서 만날 수 있는 사람, 만나서 내 이야기하면 듣고 적어 가는 사람, 문제를 적어 가는 걸 넘어 해결해 다시 나에게 피드백을 주는 그런 사람, 아 이런 사람이 우리 시장이어야 되겠구나 하는 생각을 주민들로 하여금 갖게 만든 거죠. 이런 측면에서 이재명은 성남시장에 재임하면서 주민과의 잦은 스킨십이 좋은 행정을 만든다고 확신하게 된 겁니다.

시민을 위하는 방향

성남시장 시절은 이재명이 공직자는 창의적인 해결 방안들을 내놔야 한다는 생각을 확립한 시기이기도 합니다. 예를 들어 무상 시리즈, 무상 교복 지원이나 무상 산후조리원 지원입니다. 지금은 무상 지원을 비롯해 국가나 지방자치단체로부터 여러 종류의 복지 정책이 많이 나와 있는 상태여서 이런 정책들이 뭐 그리 특별한가 싶지만, 당시에는 시민이 낸 세금을 다른 쓸데없는 곳에 쓰지 않고 잘 모아 진짜 필요한 시민을 위한 행정 서비스로 돌려준다라는 개

념은 정말이지 발상의 전환이었죠. 이뿐만 아니라 성남시의 모라토리엄 선언*도 굉장히 창의적인 방법이죠. 이건 이재명이 당시 법조인으로서 그리고 본인이 그동안 인권 변호사로 활약하면서 가지게 된 가치관을 행정가이자 공직자로서 실현한 첫 번째 사례입니다.

또 하나 예를 들어보죠. 이재명 시장은 박근혜 정부로부터 공공기관을 이전하는 과정에서 특정 기관을 어느 곳으로 옮기라고 하는 지시 또는 공문을 받게 됩니다. 처음에 이재명 시장은 성남시장으로서 이 사안에 대해 반대를 하다가 기초 지방자치단체장의 한계로 인해 반대하기가 어려운 상태가 되자 결국 반영할 것을 지시합니다. 다만, '그림자를 어느 정도 투영시키라'는 식으로 지시합니다. 이 말이 무슨 뜻이냐면 정부의 지시를 곧이곧대로 받아들

---

* 이재명 성남시장의 2010년 7월 모라토리엄 선언은 그가 성남시장으로 취임하자마자 발표한 조치다. 당시 성남시는 지방채(빚) 규모가 매우 컸고, 매년 빚을 갚느라 시 예산의 상당 부분이 빠져나가 주민 복지·행정 서비스에 큰 차질이 있었다. 이에 따라 이재명 시장은 취임 직후 "성남시의 재정은 사실상 파산 상태"라며 채무 상환을 일시 중단(모라토리엄)한다고 선언했다. 당시에 이 선언은 큰 논란을 불러일으켰지만, 결과적으로 이후 재정 구조조정을 통해 성남시는 비교적 빠른 시기에 부채를 상환하고 흑자 전환에 성공했다고 평가받는다.

이는 게 아니라, 그 지시를 바탕으로 하되 최대한 긍정적인 방향을 찾으면 되는 부분이라는 겁니다. 문제를 최대한 시민을 위한 방향으로 해석하는 능력을 공직자로서 갖추게 된 겁니다.

끝으로 성남시장 재임 시절에는 공직 활동을 하기 어려울 정도로 무수히 많은 압수수색을 받기도 했습니다. 이런 상황에서 이재명 시장은 티끌 하나라도 문제가 있으면 안 된다고 생각했습니다. 공직자로서 당연히 투명하게, 국민과 시민을 위해 일하겠다고 다짐했지만, 이러한 경험들이 공직자로서 더더욱 오점을 남기지 않는 자세를 추구하는 계기가 되었습니다.

2
경기도지사, 대한민국의 축소판을 경험하다

성남이라는 기초자치단체는 결코 작지 않고, 성남만이 갖고 있는 특수성도 당연히 있습니다. 이재명은 성남시장을 하면서 쌓은 노하우와 행정 경험이 과연 다른 지방자치단체에서도 통할까라는 의문이 분명히 있었을 겁니다. 그동안 쌓은 노하우와 행정 경험이 더 큰 자치단체에서도 통한다고 확신하게 된 시점이 바로 경기도지사 시절입니다.

경기도는 대한민국의 축소판입니다. 북한과의 접경 지역도 있고, 바다와 인접한 지역 도시도 있고, 고도화로 발전된 도심 지역도 있고, 농촌 지역도 있습니다. 그러다 보니 이재명 도지사는 많은 갈등의 유형을 접하게 됩니다. 대표적인 게 '경기도 불법 계곡 설치물 철거 사업'이었습니다. 팬데믹 시기에는 코로나19에 걸린 환자들을 잠시 격리하는 시설을 만드는 여러 과정에서 격렬한 논쟁과 갈등 상황에 놓였습니다. 경기도지사 시절 이재명은 이러한 첨

예한 갈등을 해결하는 과정의 연속이었습니다.

경기도 불법 계곡 설치물 철거 사업은 도내 주요 계곡의 상인들과 경기도민들의 입장을 어떻게 중간에서 조율할지에 관한 해결 방법을 찾는 과정들이었습니다. 이때 이재명 도지사는 어느 한쪽의 편만 들어서는 안 된다고 확신했습니다. 그리고 갈등 당사자끼리만 이야기하도록 내버려두어도 문제가 해결되지 않는다고 봤어요.

그래서 이재명 지사는 경기도에 성남시에서도 있었던 갈등조정관이라는 직책을 만듭니다. 경기도의 공직자가 도내의 수많은 갈등을 직접 중재하고 조정하는 거죠. 민민 갈등, 당사자들끼리의 갈등 상황에서는 각자의 입장으로 인해 견해차를 좁히기 어렵습니다. 그래서 갈등조정관이라는 중간 심판자가 투입됨으로써 문제가 해결되는 경우가 많았습니다. 갈등조정관이 실질적으로 많은 해결 방안을 만들어낸 겁니다.

또한 이 시기 이재명 지사는 신상필벌의 중요성을 더 강하게 세웁니다. 소신 있는 행정을 하는 공직자는 승진으로, 방만하고 무책임한 행정을 하는 공직자에게는 벌과 좌천 등 여러 방식으로 공직 사회의 기강을 확실하게 잡기 시작했어요. 경기도 내에 일만 잘하면 승진할 수 있다는 공직자 분위기가 형성되었습니다. 공직 사회 리더로서의 역할을 잘 해낸 겁니다.

실험적인 정책들

아울러 지역 화폐나 청년 기본소득처럼 그동안 다른 지역에서 하지 못했던 실험적인 정책도 실현합니다. 특히 팬데믹 시기 지급한 경기도 재난기본소득을 전 국민에게 줘야한다는 파격적인 제안도 합니다. 그동안 국가 재난 발생시 지원책을 마련할 때는 어려운 계층을 지원하는 선에서 논의가 그치곤 했습니다. 하지만 대한민국에서 세금을 더많이 내는 부자들도 똑같은 재난을 겪고 있으므로 오히려재난 지원금을 똑같이 받아야 한다는, 정말 그 당시에는 파격적인 이야기를 합니다.

이재명 대통령은 이념적으로나 정치적으로 한쪽으로 치우친 것이 아닌, 여러 방면에서 확장성을 보여줍니다. 그 이면에는 경기도라는 인구가 1,300만 명에 가까운 대한민국의 축소판을 운영하면서부터 나온 경험이 놓여 있습니다. 대통령인 지금도 그렇지만 당시에도 이재명 경기도지사는 스스로가 1,300만 명의 대표이지 특정 그룹의 대표가 아니고, 그 그룹만의 도구도 아니라는 이야기를 자주 했습니다. 공직자로서 한쪽 편을 들거나 한쪽에만 치우쳐져서는 안 된다는 생각을 가졌던 거죠.

경기도지사 이재명의 모습을 정리하자면 첫째, 성남시 행정의 확장성을 확인하고 실현하는 계기가 되었고, 둘째, 신상필벌을 확실하게 하는 것이 얼마나 중요한지 다시 한번 확인하는 계기가 되었고, 마지막으로 실용과 이념에 치우치지 않은 목소리를 내기 시작했다는 점입니다. 경기도 31개 시군에서도 이재명표 행정이 통하는구나, 그리고 이러한 경험을 바탕으로 이재명표 행정을 전국으로 확대할 수 있겠다는 자신감과 확신을 얻었습니다.

3
국회의원, 행정에서 입법으로

이재명 경기도지사가 도정을 마친 후 국회의원이 되고 맞이한 가장 큰 변화는 본인과 함께하는 그룹의 축소, 그것도 그냥 축소가 아닌 큰 폭의 축소를 경험하게 됩니다. 도지사 시절에는 도지사의 지시 사항이 떨어지면 일반 공무원을 포함해서 지시에 따라 움직이는 많은 사람이 있었습니다. 그런데 국회의원이 되고 보니 의원실에 있는 아홉 명의 보좌진이 전부인 겁니다. 물론 원외에 다른 여러 조직이 있긴 하지만, 공식적으로 움직일 수 있는 인력이 줄어든 겁니다. 그러면서 자신의 한마디가 실현되는 데 있어 정말 많은 사람의 노력이 있었구나, 행정과 정치는 떼려야 뗄 수 없는데 정치야말로 혼자서 할 수 없는 것이구나를 국회의원 시절 느낀 겁니다.

이재명 대통령이 국회의원에 당선되고 상임위를 선택할 때 옆에서 의견을 드린 적이 있습니다. 당시에 저는 이재명 의원에게 환경노동위원회와 같은 본인이 그동안 해왔던 업적과 관련된 상임위원회로 가야 한다고 강력히 주장했습니다. 그동안 행정을 할 때에는 수많은 사람이 함께 움직일 수 있고 그로 인해 성과를 만들었는데, 국회의원에게는 그러한 행정 권한이 없다 보니까 성과를 내기 어려우므로 스스로 입법 성과를 낼 수 있는 상임위로 가서야 한다고 말씀을 드렸고, 이재명 의원 본인도 그렇게 생각했습니다.

그런데 현실적으로 그런 상임위에 가지 못하면서 이재명 의원은 정치 영역에서 자신이 얼마나 작은 존재인가를 느끼고 다시 한번 자신을 되돌아보는 계기가 됩니다. 그전에는 본인 역량과 개인기로 많은 문제를 헤쳐 나갔다면, 이제는 자기 뜻을 함께 실현할 더욱더 많은 정치적 동지를 찾게 되었고, 정치인을 넘어 함께 움직일 당원, 나아가 국민까지 찾게 되었죠.

권력의 정점에 오래 있다 보면 본인을 위해 함께 일하는 사람들의 소중함을 잊게 되는 경우가 많습니다. 참모들의 머릿속에서 나온 것들도 다 본인이 했다고 착각하는 경우가 많아요. 그런데 이재명은 국회의원과 당대표 시절을 겪으면서 사소한 결정 하나에도 많은 사람의 노력과 고민이 녹아져 있다는 것을 다시금 깨닫게 된 것이죠.

당원 주권과 직접민주주의

이재명은 국회의원과 당대표 시절에 당원 주권, 즉 직접민주주의가 필요하다는 생각을 갖게 됩니다. 그 이면에 소위 정치권에 있는 많은 정치인과 국회의원을 포함해 그 사람들에게서 어떤 한계점을 느꼈기 때문이 아닐까 싶습니다. 중앙 정치를 직접 해보니 똑똑하고 열심히 일하는 의원은 많은데 평범한 사람들의 생각을 담지 못하거나, 혹은 되레 그에 반하는 생각을 하는 정치 현실을 마주하게 된 겁니다.

그러면서 더더욱 국민의 목소리를 정책에 어떻게 녹여낼 수 있을 것인가, 당원의 목소리를 어떻게 당 의사결정 과정에 반영할 수 있을까를 고민하게 된 거죠. 지난 총선 때 이재명 대표는 공천을 놓고 경선을 원칙으로 하면서 당원이 후보자를 선택하게 만들면, 당원들의 집단지성이 언제나 당을 옳은 방향으로 이끈다고 믿었습니다. 선거 결과도 성공적이었죠.

이 시기에는 국민의 무서움과 위대함도 느끼게 됩니다. 12·3 비상계엄 사태 당시 이재명 대표는 상황을 인지하자마자 유튜브 방송을 켜고 국회로 달려갔습니다. 국회의원 몇 명으로는 계엄을 이겨낼 수 없다고 판단했을 것이고, 국민이 일어나야 한다고 확신했습니다. 그래서 방송을 켜고 국민들에게 국회로 와 달라고 했죠. 실제로 그렇게 달려온 국민들이 장갑차와 군인들을 막아서면서 많은 것을 해냈죠.

앞에서 이재명 대통령이 공직자는 국민을 동등한 수준, 나아가 국민보다 더욱 낮은 자세로 공직에 임해야 한다는 명제를 제시했다고 했죠. 이재명은 계엄을 겪으며 국민의 위대함을 몸으로, 피부로 직접 느끼게 된 겁니다. 만약 계엄 사태가 없었다면 이재명이라는 공직자는 국민의 위대함을 직접적으로 확인하진 못했을 겁니다. 앞서 촛불혁명이 있긴 했지만 당시는 이재명 본인의 생명이 위협당하는 상황까지는 아니었죠. 군인들이 총칼을 들이미는 상황까지는 아니었습니다. 그러다 계엄이 닥치자 국민들이 군인들에 용감하게 맞서는 모습을 눈으로 직접 마주한 거죠. 이렇게 이재명의 공직자론은 국민의 위대함을 눈으로 직접 확인하는 지점에서 완성되었습니다.

3장

공직자의 길

1
공직자가 하는 일, 해야만 하는 일

공직자란 무엇인가

일단 공직(公職)이 무엇인지부터 생각해보죠. 공직은 하나의 직업을 넘어 국민으로부터 위임받은 권한과 자원을 대신 행사하는 존재, 일종의 대리인입니다. 그렇기 때문에 헌법에서는 공무원에 대해 "국민 전체에 대한 봉사자"라는 표현을 쓰기도 합니다. 그러니까 공직이란 단어에는 '맡겨진 권한을 바탕으로 공익을 극대화해야 한다'라는 함의가 담겨 있는 것입니다.

그렇다면 공직자는 무슨 일을 해야 할까요? 공직자는 기본적으로 행정 기능을 수행합니다. 사적 이익을 추구하는 게 아닌 각종 민원 처리부터 행정 서비스 제공, 재정 집행 등 행정 기능을 하는 것이 공직자에게 가장 근간이 되는 일입니다.

두 번째는 정책을 기획해야 합니다. 국가 또는 정부가 앞으로 나아가는 데 있어 시민단체, 지식인 등 미래의 청사진을 그리는 사람들은 많겠지만, 공직자는 그것에 관한 '공식' 권한을 가지고 그림을 그리는 존재입니다. 그렇기 때문에 공직자는 사회가 어떤 문제에 처해 있는지를 파악하고, 그 문제를 어떻게 해결할지에 대해서 기획하는 존재입니다.

세 번째, 공직자는 위기에 대응하는 역할을 해야 합니다. '뉴노멀'이라는 단어가 익숙해진 지는 꽤 오래됐습니다. 기후 위기를 비롯한 수많은 변화가 지금까지 있었고, 앞으로도 예상치 못한 일들이 다가올 것입니다. 이러한 일들에서 비롯된 사람들의 불편함을 어떻게 빠르게 해결할 수 있는가, 즉 위기 대응을 얼마나 잘 해낼 것인가, 이 역시 공직자가 하는 일입니다.

마지막으로 국가는 수많은 당사자로 이루어져 있는 하나의 거대한 사회입니다. 공직자는 이 사회 내에서 일어나는 갈등을 조정하는 역할을 하는, 일종의 '갈등의 중재자'입니다.

올바른 공직자의 가치관

이상 공직자의 네 가지 역할을 바탕으로 생각해보면 공직자는 공직을 수행할 때 다음의 네 가지 자세가 필요합니다.

첫째, 공익에 우선한 가치를 실현해야 합니다. 공직자가 행하는 모든 움직임의 바탕에는 국민이 있어야 합니다. 사적인 일이 아니라, 국민을 위한 일을 해야 합니다. 공직자가 국민으로부터 벗어나게 되면 권한 위임의 근거 자체가 무너집니다. 국민을 위하는 것이 곧 공직자의 존재 이유입니다.

둘째, 투명성과 청렴성을 중시해야 합니다. 정약용의 《목민심서》부터 시작해 공직을 다룬 수많은 이야기들이 청렴성을 빼놓지 않는 이유는, 그만큼 고금을 망라하고 공직자가 하는 모든 일이 청렴성이 전제되지 않으면 그 가치를 잃어버리기 때문입니다. 공직에 대한 신뢰는 곧 행정 전체의 신뢰로 이어집니다. 작은 부패 하나가 제도 전체를 무너뜨릴 수 있습니다. 신뢰는 개인을 넘어 사회를 유지하는 조건이기도 합니다.

셋째, 공직자는 권한을 행사하는 모든 것의 근거를 법에 두어야 합니다. 헌법과 법률에 기초한 절차적 정당성을 지켜야만 합니다. 공직자 권한의 근원이 법에 있기 때문이죠. 법은 국민이 뽑은 대표자가 합의해 만든 규칙이며, 절차는 그 합의를 존중하는 방식입니다. 법에서 벗어난 권한 행사는 언제든 독단으로 흐를 위험이 있습니다.

넷째, 책임을 회피하지 말아야 합니다. 공직자의 모든 행위는 국민 생활과 연결되어 있습니다. 수많은 국민을 대신해서 하는 행위이므로, 그로 인해 발생할 수많은 결과의 책임에서 자유로울 수 없습니다. 문제가 발생했을 때 재발 방지를 위해서 대책을 마련해내는 것도 공직자의 의무입니다. 책임을 끝까지 수용하는 태도는 국민에게 신뢰를, 사회에는 안정성을 주게 됩니다.

이를 바탕으로 단순히 현재에 대한 문제 해결을 넘어, 국가나 사회의 지속 가능성을 만들어내야 합니다.

공직자가 받는 보수는 국민이 낸 세금에서 비롯됩니다. 옛날식 표현으로 '국가의 녹을 먹는다'는 것이죠. 공직자 한 사람의 시간 역시 국민이 준 권한에 기반하여 쓸 수 있는 시간입니다. 그래서 공직자는 스스로가 '국민이 고용한 사람이다'라는 생각을 반드시 가져야 합니다.

2
공직자와 국민의 관계

이재명 대통령은 공직자가 국민들에게 '작은 신'과도 같다고 이야기합니다. 작은 신이라는 표현은, 결국 공직자의 판단 하나하나가 국민의 생명과 삶의 질 자체에 직결된다는 겁니다. 국민의 고통이나 희망, 행복과 같은 정신적인 가치에도 영향을 미칩니다. 이재명 대통령의 표현은 공직자의 윤리적 책임과 도덕적 무게를 강조한 겁니다. 따라서 공직자는 자신의 권한을 올바르게 사용해야 합니다.

공직자는 공적인 책임과 권한의 크기가 크면 클수록 정치적 압력이나 외부 여론, 이해관계의 충돌 등 주변이 복잡해지기 마련입니다. 그렇기 때문에 더더욱 공직자의 소신이나 도덕적인 양심이 중요합니다. '작은 신'이라는 표현에도 그 의미가 들어 있지만, '신'이라 표현할 만큼 공직자들에게는 권한이 많습니다. 민원인에게 베풀 수 있는 게 많다는 것이죠. 그러다 보니 특권의식을 가지게 되는데요, 이재명 대통령이 제일 경계하는 것 중 하나가 바로 이 공직자의 특권의식입니다. 절대, 국민을 대상으로 한 특권의식을 가지지 말아야 한다는 것, 그리고 공직자의 권한을 남용하지 말아야 한다는 것을 모든 공직자들은 명심해야 합니다.

자기 절제, 소신, 겸손

공직자는 자기 절제를 할 수 있어야 합니다. 이재명 대통령은 "돈은 마귀다"라는 표현을 자주 합니다. 그 말은 공직자는 여러 이해관계로부터 자유로워야 하고, 이해관계를 끊어낼 줄 알아야 한다는 겁니다. 그래야 비리와 부패의 유혹에서 벗어나 더욱 객관적인 태도로 국민들에게 필요한 정책을 펼칠 수 있다는 겁니다.

이것은 정말 중요합니다. 아무리 강조해도 모자람이 없죠. 처음부터 부패하고 비리를 저지르겠다고 마음먹는 공직자는 없습니다. 이재명 대통령이 성남시장과 경기도지사 시절 공직자, 공무원의 자세에 대해 누누이 이야기했던 것도, 끊임없이 자기 절제를 해야 한다는 것, 그렇지 않으면 그 유혹의 길로 쉽게 빠진다는 것을 알았기 때문입니다. 이에 대해서는 이 책 4장에 실린 5급 신임관리자들을 대상으로 한 이재명 대통령의 강연에서 자세히 언급되어 있으니 살펴보기 바랍니다.

또한, 공직자는 소신이 있어야 합니다. 행정은 정치와 떼려야 뗄 수 없는 관계입니다. 작게는 지방 정치에서 크게는 중앙 정치까지 모든 게 행정과 연결되어 있습니다. 그러다 보니 행정에는 여러 가지 압박이 들어옵니다. 그런 압박에서 벗어나 객관적인 시선에서 또는 국민의 시선에서 행정적 판단을 검토할 수 있는 소신이 있어야 합니다.

공직자는 겸손해야 합니다. 공직자의 권력, 즉 자기 권한을 사용하는 것에 취할 것이 아니라, 국민이 생각하는 그 이상으로 더욱더 겸손하고 낮은 자세를 가져야 합니다. 이는 앞서 이야기한 이재명의 특권의식에 관한 생각과도 연동됩니다. 끊임없이 자기 성찰을 통해 낮은 자세로 임하는 공직자의 태도는 정말 중요합니다.

공직자의 투명성, 청렴성을 위해 만든 시스템

이재명이라는 사람은 변칙을 이야기하지 않습니다. 그동안 우리가 항상 알아왔던 정도(正道)를 걷는 이야기를 합니다. 청렴성이나 투명성도 마찬가지입니다. 예를 들어 이재명 성남시장은 '시민감사관제'를 도입해 시민이 직접 공직자가 마련한 예산이나 공직자가 집행하는 사업 과정을 감시하도록 만들었습니다. 이는 시민의 눈으로 공직자를 평가하는 시스템을 만듦으로써 공직자 스스로가 다른 분위기에 휩쓸리는 것이 아닌, 오로지 시민을 위해 청렴하고 투명하게 공직을 수행하는 모습을 갖게 했다고 봅니다.

좀 비슷하지만, 경기도지사 시절에는 '경기도 공익제보 핫라인'을 만들었습니다. 이는 도민들이 직접 문제를 제보하는 시스템입니다. 내부 공직자가 됐건, 도민이 됐건 경기도 공직자 중에 누군가가 부패하거나 청렴하지 않거나 투명하지 않은 행정을 한다 싶으면 이것을 제보할 수 있게 만들어놨습니다. 공직자 입장에서도 자기에게 부정적인 영향력을 미치려는 어떤 시도가 있을 때, 저런 제도가 있음으로 인해서 스스로를 보호할 수 있게 됩니다. 이재명이라는 행정가가 사실상 공직자를 위해 만든 시스템이죠.

3
복지부동에서 일하는 공직 문화로

복지부동의 원인

대한민국 공직 사회의 특징을 꼽으라고 하면 많은 사람이 '복지부동'을 이야기합니다. '땅에 엎드려서 움직이지 않는다'라는 뜻 그대로 적극적으로 나서지 않고, 책임을 회피하는 자세를 일컫습니다. 일하지 않아도 월급이 나오니 굳이 나서서 일을 만들지 않겠다는 것인데, 왜 이런 문화가 생겨난 것일까요? 과연 공직자들이 '복지부동'하는 원인은 무엇일까요? 지금부터 이에 관한 이야기를 해보고자 합니다.

먼저 대한민국 공직 사회는 위계 구조가 강합니다. 상급자 중심의 문화가 강하고 상사의 명령을 따르는 것이 당연한 문화입니다. 상사의 의견과 반대되는 의견을 건의했다가 업무 이외의 영역에서 불이익을 받는 경우들이 있습니다. 그러다 보니 일선 공직자들은 위계 구조의 어두운 단면이 본인에게 적용될까 봐 두려워합니다.

두 번째로 실패를 처벌하려는 문화입니다. 어느 일이나 마찬가지이지만 행정 역시 성공할 수도, 실패할 수도 있습니다. 일에서의 실수와 행정 실패가 어느 부분에서 발생했는지 살펴보는 게 아닌, 단순히 실패했다는 사실 자체에만 집중해 처벌하거나 책임을 묻다 보니, 차라리 아무것도 하지 않고 가만히 있는 게 낫겠다는 일종의 보신 문화가 생길 수밖에 없습니다.

세 번째로 정책 감사나 수사기관의 수사 압박이 있습니다. 정권이 바뀔 때마다 공직자들을 대상으로 의례적인 감사가 이루어집니다. 또는 그 감사에 기반한 수사기관의 수사가 벌어집니다. 이렇다 보니 공직자는 수사나 감사를 안 받는 방향으로 많은 일을 처리하게 됩니다. 자기 소신이나 책임을 다하지 않는 문화, 또는 문제를 회피하려는 문화가 공직자들 사이에 생긴 겁니다.

네 번째로 인사 평가 체계에도 문제가 있습니다. 앞서 말한 위계 구조와도 연관되는 문제인데, 자기 의견을 많이 낸 사람들에게 인사 평가를 좋게 해야 하는데, 몸담은 조직의 위계질서에 얼마나 순응을 잘했고, 문제를 일으키지 않았는지에 평가가 집중되어 있습니다. 승진을 비롯한 인사 평가에 있어 공직자들이 자기 의견을 좀 더 자유롭게 개진할 수 있도록 하고, 성과를 중심으로 평가하는 문화가 필요한 이유입니다.

창의적인 공직 사회

이렇게 복지부동의 공직 문화가 만연한 상황에서 일하는 공직 사회, 창의적인 공직 사회로 나아가려면 어떻게 해야 할까요? 창의적인 조직은 그동안의 상명하복 질서를 무너뜨려야 가능한 것이 아닙니다. 오히려 위계질서 아래 자기 역할과 책임을 다하도록 만드는 게 중요합니다.

이재명 대통령은 경기도지사 시절, 도청에 있는 국장, 과장, 팀장, 주무관들에게 항상 자기 역할을 정확하게 명시해주는 데에서부터 일을 시작했습니다. 국장은 국장의 역할, 국장으로서 이끌고 있는 수많은 업무에 대한 책임을 지는 역할을 제대로 하게 만들었고, 과장과 팀장은 자기가 맡고 있는 하나의 업무에 대해 더욱더 전문성을 갖게 만들었습니다. 주무관은 그런 시스템 아래에서 현장에 나가 잘 뛸 수 있게 만들었습니다. 서로가 굳이 말하지 않아도 일이 돌아가게 하는 게 중요했던 겁니다.

앞서 언급했듯, 대부분의 공직자가 흔히 말하는 라인, 줄을 잘 서야 승진한다고 생각하고 있는데요. 어떤 라인을 잘 타는 게 중요한 게 아니라, 하나의 조직, 하나의 팀 자체가 상생하며 성과를 내면 좋은 평가를 받을 수 있다는 분위기를 만들어 주는 게 중요합니다. 그래야 팀워크가 생겨나고 좋은 결과를 내는 선순환 구조가 만들어질 수 있습니다.

이런 방식으로 이재명 도지사가 조직의 성과를 적극 인정해주는 모습을 보이니까 조직 내부에서 각자의 역할을 더욱 존중하면서 서로 더 많은 아이디어를 내는 문화가 정착된 것이죠.

이재명 대통령은 의자의 계급을 없애는 조직 문화를 만들고 싶어합니다. 수평적 조직 문화가 좀 더 창의적인 공직 사회를 만들어 갈 것이라 봅니다.

일하는 공직자들을 위한 정책

2019년 9월 2일 경기도는 '경기도 적극행정 추진 기본계획'을 마련했습니다. 이재명 지사는 "법에 어긋나지 않고 공익에 부합하면 일을 적극적으로 추진한다"는 원칙과,

같은 해 8월 제정된 '지방공무원 적극행정 운영규정'에 따라 공무원이 법과 절차를 준수하면서도 공익을 위해 필요한 일을 보다 신속하고 과감하게 추진할 수 있도록 하는 제도적 여건을 갖추려고 했습니다.

계획은 크게 네 가지 축으로 구성되었습니다. 첫째, 추진 체계를 정비했습니다. 경기도 차원의 적극행정 운영 조례를 제정하고, 사무전결처리규칙을 개정해 법적 근거와 절차를 명확히 합니다. 전담 부서와 책임관을 지정해 담당 주체를 분명히 하고, 민간전문가가 참여하는 '적극행정 지원위원회'를 신설해 사전 자문과 사후 평가 기능을 부여했습니다.

둘째, 공무원 우대 장치를 도입했습니다. 반기마다 적극행정 우수 공무원을 선발하고, 선정된 사람에게는 승진, 특별승급, 성과급 최고등급 중 하나를 반드시 부여합니다. 평가 과정은 지원위원회가 관여해 실적과 공익 기여도를 중심으로 판단하도록 했습니다. 적극적인 문제 해결을 조직문화로 정착시키기 위한 인센티브를 주는 것이지요.

셋째, 면책·보호·지원 장치를 강화했습니다. 감사관의 사전 컨설팅을 거치거나 지원위원회 의견에 따라 처리한 사안은, 결과적으로 문제가 생기더라도 징계 면책을 검토

합니다. 아울러 현장에서 신속한 판단이 필요한 경우를 대비한 '현장면책제도'와 감사 과정에서 합리적 판단을 보호하는 '직권감사면책제도' 운영을 통해서 적극행정 과정에서 민·형사 분쟁이 발생하면 변호사 선임 등 법률 지원도 제공하도록 했습니다.

넷째, 소극행정을 막기 위해 근무 태만, 무사안일 등 소극적 업무 처리 행태를 상시 점검하고, 비위가 확인되면 엄정하게 조치했습니다. 적극행정에는 보상이 뒤따르고, 소극행정에는 책임이 따른다는 기준을 분명히 해 조직 전반의 분위기를 바꾸고자 했습니다.

이렇게 네 가지를 통해 이재명 지사는 일하는 공직 사회, 성과를 내는 공직 사회를 만들고자 노력했습니다.

4
현장 소통을 중시하는 이재명의 공직자론

소통 채널

이재명 성남시장 시절, 어느 날 트위터에 하수도 맨홀이 파손되었다는 글이 올라옵니다. 이 시장은 그 글을 확인하자마자 곧장 담당 부서에 조치할 것을 지시했고, 몇 시간 만에 조처가 완료됩니다. 그런 다음 트위터에 글을 올린 시민에게 수리된 맨홀 사진을 보내주었다고 합니다. '언제든 나에게 문제를 가져와라, 언제든 소통할 수 있다'라는 겁니다. 이런 사례는 정말 많습니다.

이재명 성남시장은 현장에도 많이 나갔지만, 본인이 있는 모든 곳을 현장으로 만들기 위해 노력했습니다. 대표적인 게 SNS를 활용한 방법이죠. 2장에서 언급했듯 이미 시장실을 모두에게 개방해 주민들이 모든 민원을 시장실로 직접 가지고 올 수 있게 했는데요. 그것에 그치지 않고,

SNS도 민원을 받는 창구로 만든 거죠. 그리고 효과를 톡톡히 봤습니다. 경기도지사가 되어서도 마찬가지였습니다. 공직자의 현장 방문은 기본이지만, 현장에 가지 못하더라도 민원인이 충분한 의견을 쉽게 전달할 수 있는 채널 개설이 중요한 겁니다.

2장에서 언급했던 갈등조정관을 예로 들어보겠습니다. 이재명 대통령은 경기도지사 시절, 코로나 격리 시설에 갈등조정관을 현장에 상주시켰습니다. 도민들 입장에서는 '나의 의견을 언제든지 도지사에게 전달할 수 있다'라는 하나의 채널이 만들어진 겁니다. 이와 함께 경기도 입장에서는 언제든지 이 갈등조정관을 통해서 현장 상황을 보고받고, 진행 상황을 들을 수 있는 겁니다. 현장에 소통 채널이 상주해 있으면 직접 나가 있는 사람은 힘들 수 있지만, 이 덕분에 공직 기관과 공직 사회 전체의 신뢰도는 훨씬 높아집니다.

갈등 현장을 찾아다니다

〈유 퀴즈 온 더 블럭〉이라는 TV 프로그램이 있습니다. 방영 초창기에는 유재석 씨가 테이블 하나 들고 시민들을 만

나러 다녔는데요. 이 프로그램의 콘셉트처럼 이재명은 협상 테이블을 직접 들고 갈등의 현장을 찾아다니는 공직자였습니다. 테이블에서 이야기한다는 것 자체는 정말 단순한 행위라고 볼 수도 있지만, 그마저도 안 돼서 해결되지 않는 문제들이 너무나도 많거든요.

경기도 안양에 연현마을이라는 곳이 있습니다. 아스콘 공장이 있는 곳이었는데 20여 년 동안 공장의 악취 등으로 해당 주민과 업체는 물론 모든 관계 기관이 갈등을 겪고 있는 곳이었습니다. 이재명 경기도지사는 도지사 취임 사흘 만에 직접 현장을 방문했는데, 그 덕분에 해결의 단초가 시작돼요. 그동안 서로 감정의 골이 깊어서든, 아니면 전략적인 결정이든, 갈등 당사자들은 만나지 않았고, 만나더라도 서로 할 말만 했었죠. 그런데 경기도지사가 직접 현장에 나가 갈등 당사자들을 불러 모아 협상 테이블을 만듦으로써 서로 간의 이야기가 중재될 수 있는 첫 걸음을 뗀 것입니다. 이후 연현마을 문제*는 '이재명식 민원 해결

---

* 1980년대 연현마을에 지어진 아스콘 공장은 2000년대 아파트 단지 조성 이후 악취·먼지 민원이 급증했다. 2017년 발암물질 검출로 이전 요구가 거세졌고 안양시는 제조시설 설치 반려, 악취 기준 강화 등 대응에 나섰다. 이재명 경기도지사는 취임 직후 연현마을을 첫 민생 현장으로 방문해

'1호'가 됩니다.

2장에서 이야기했던 '경기도 불법 계곡 설치물 철거 사업'*도 마찬가지죠. 사람들은 그동안 계곡에서 비싼 돈을 내고 백숙을 먹어야만 평상을 이용할 수 있다고 당연하게 생각해왔던 것 같아요. 하지만 이재명 도지사는 이 부분에 대한 문제점을 인식하고 현장에 직접 가서 상인들의 이야기는 물론 도민들을 위해 더 나은 편의를 제공할 방안은 없는지 직접 논의하는 테이블을 만들었죠. 반발이 어마어마했지만 계곡을 도민들에게 돌려줄 수 있었던 건 실질적인 방안을 논의하는 테이블을 마련해 대화를 했기 때문이라고 봅니다.

공장을 이전하고 부지를 공공개발로 활용하겠다는 '민생공약 1호'를 발표, 도·시·주민·업체 협의체 구성을 제안하며 해결의 틀을 만들었다.

* 경기도는 이재명 지사 취임 후 '깨끗한 자연을 도민 품으로'라는 목표로 불법 계곡 설치물 철거 사업을 추진했다. 2019년부터 도내 198개 하천·계곡을 점검하고 상인들과 수십 차례 회의해 자진 철거를 유도, 불응 시 행정대집행과 형사입건으로 대응했다. 2020년 7월까지 1만 1,383개 불법시설을 철거했고, 2021년까지 98.7% 철거율을 달성했다. 이후 공동화장실·주차장·수변덱 등 편의시설을 조성하고 버스킹 공연, 푸드트럭 사업 등을 지원해 계곡을 도민 쉼터·관광자원으로 재생했다. 이 정책은 이재명의 대표적 성과로 평가됐다.

준비된 공직자는 숨지 않는다

이처럼 이재명 대통령은 갈등 당사자 또는 민원인을 직접 만나는 것에 거리낌이 없었습니다. 언제나 현장으로 나갈 준비가 되어 있었죠. '현장으로 나간다'는 건 다시 말해 '숨지 않는다'는 것입니다. '숨지 않는다'는 것은 선출직 공직자로서 자신의 책임을 다한다는 것을 의미하는데, 이 말에는 곧이 곧대로의 1차원적인 의미 이상의 것이 포함돼 있습니다.

숨지 않기 위해서는, 공개적으로 나서기 위해서는 사전 준비가 필요하기 때문입니다. 무작정 현장으로 나가 사람들을 만나면서 사진 찍고 보여주기식의 전시 행정을 한다고 문제가 해결되는 게 아니라는 사실을 이재명 대통령은 성남시장 시절부터 잘 알고 있었죠. 사람들은 공개적으로 보이는 이재명의 모습 뒤에서 실제로 이재명이라는 공직자가 얼마나 많은 자료를 공부하고 아이디어를 고민하는지 잘 모릅니다. 이재명은 절대로 임기응변은 있을 수 없다고 생각합니다. 문제를 해결할 권한이 있는 공직자가 갈등 현안에 대해 얼마나 공부를 하고 있는지에 따라 결과가 달라진다고 보거든요.

준비된 공직자만이 현장에서 갈등 조정도, 대안 제시도 할 수 있는 겁니다. 사실 창의적인 해법이라는 건 무에서 유를 창조하는 일은 아닙니다. 다시 말해 이미 존재하는 수많은 아이디어를 어떻게 조합하고 활용하는지가 중요한 거죠. 공직자 이재명이 그동안 수많은 창의적인 대안을 내놓았던 것도 보이지 않는 곳에서 수없이 많이 고민하고 공부했기 때문입니다. 그렇기 때문에 숨지 않고 자신감을 갖고 현장으로 나갈 수 있었던 겁니다.

그리고 국민의 이야기를 많이 들을수록 좋은 대안이 나옵니다. 이재명은 모든 이야기를 들은 다음 민원인들에게 행정 권한이나 법적 권한에 있어서 되고 안 되고를 명확하게 체크해주는 것으로 소통을 시작합니다. 그걸 바탕으로 어느 부분까지 해결할 수 있는지를 명확히 제시합니다. "아, 그거 될 수도 있을 것 같아요. 한번 검토해볼게요." 책임을 회피하는 것이 아닌 실제 현실에서 실행 가능한 방안까지 함께 소통하는 겁니다. 이것이 이재명의 장점이자, 이재명이라는 공직자가 공직 사회에 보여준 하나의 모범입니다. 공직자가 숨지 않고 현장에 나가 문제를 해결하기 위해 끊임없이 공부하는 공직 문화가 만들어지기를 바랍니다.

5
공직자의 덕목 세 가지

방향, 성실함, 테크닉

이재명 대통령은 어떤 공직자들과 일하는 것을 좋아할까요? 이재명은 공직자의 덕목으로 다음의 세 가지를 꼽고 있습니다. 첫 번째 방향입니다. 이재명 대통령은 능력보다 중요한 게 방향이라고 이야기합니다. 공직자로서 공익이나 국민에 중심을 둔 마인드가 제대로 서 있어야 합니다. 단순히 기술적으로 일을 잘하는 사람은 많습니다. 그런데 그런 사람보다는 누구를 위해서 일을 하고 있고, 어떤 목표를 향해서 가고 있는가에 대해 명확한 기준을 가진 사람이 기술적으로는 떨어질 수 있어도 공공에 올바른 방향으로 결과물을 만들어냅니다. 기술적으로 역량이 아무리 뛰어나봤자 방향이 옳지 못하면 그 훌륭한 능력이 부패나 사적 이익 추구로 변질될 가능성이 너무나도 높기 때문입니다.

두 번째는 성실함인데요. 아무리 유능하고 방향성이 훌륭해도 게으르면 안 됩니다. 모든 일이 똑같은 난이도를 가지고 있지는 않아요. 쉽게 해결될 수 있는 문제도 있지만 때로는 정말 오랜 시간이 필요한 일들이 있는데 성실함이라는 건 이때 빛을 발휘합니다. 큰 성과를 만들어내기 위해서는 정말 많은 에너지가 필요한데, 그때 성실함이 없다면 일이 100퍼센트가 되기 전에 중도 하차하게 되는 경우가 잦아집니다. 그리고 그 후과는 결국 국민에게 돌아가게 되죠. 약점이 있어도 그것을 성실함으로 극복할 수 있는 자세, 단순히 공직뿐만 아니라 모든 영역에서 적용되는 겁니다. 방향성에 더해 성실함이 필요한 것이죠.

세 번째가 테크닉입니다. 이재명 대통령은 "기술과 역량을 끊임없이 계발해야 된다"라고 이야기합니다. 기본적인 방향성과 지속 가능성이 확보된 상태가 되었다면, 다음은 얼마나 더 효율적으로 일할 수 있을지 고민해야 합니다. 역량을 키우면서 본인의 전문성을 확보하는 게 필요합니다.

이재명 대통령은 특히 해외 사례를 꾸준히 공부할 것을 권장합니다. 본인이 맡은 분야에서 대안을 만들 때 그 안에서만 생각하다 보면 나올 수 있는 내용에는 한계가 있으니, 외부의 선진 사례를 열심히 찾아봐야 한다는 겁니다. 끊임없이 공부하며 자기 발전 정도를 높여야 한다는 것이죠.

선후 관계가 있을 수 있지만 이 모든 것이 갖춰진 사람이 훌륭한 공직자인 겁니다.

공직자가 일하는 법

이재명 대통령은 공직자는 할 일이 산처럼 많아서 하려고 하면 끝이 없다고 이야기합니다. 그럼에도 이재명의 책상에는 밀린 일이 전혀 쌓여 있지 않다고 하는데요. 이재명은 특정 문제를 해결하는 데 있어 사전 난이도를 측정하는 능력이 뛰어난 사람이었습니다. 어떤 문제가 얼마만큼의 노력과 시간, 에너지가 필요한지에 대한 측정을 아주 잘하는 공직자입니다. 그렇기 때문에 수많은 업무들이 본인 테이블에 올라오더라도 그중에서 빠르게 처리할 수 있는 업무를 먼저 분류한 뒤 재빠르게 처리합니다.

그 과정에서 '아 이건 좀 더 많은 노력과 시간이 필요하겠다'라고 생각하는 것은 서류를 중심으로 해결하는 것이 아니라, 실무자들을 불러서 아이디어를 논의하는 방식을 선택합니다. 본인이 아무리 서류에 기반해 고민해봤자 결국 한 사람의 머리에서 나오는 대안이기 때문에 한계가 있다는 거죠. 많은 사람과 논의하고 아이디어를 내놓는 과정에서 문제가 빠르게 해결되는 거죠.

이재명 대통령은 집단지성을 중시합니다. 제가 경기도 청년비서관으로 발탁될 수 있었던 것도 이재명 도지사 스스로가 지금 시대를 살아가는 경기도 청년들의 생각이 정확히 무엇인지에 대해 파악이 부족했다고 판단했기 때문일 겁니다. 이재명 정부 초기에 국민들로부터 인재를 추천받았던 이유도 이러한 생각에서 비롯되었다고 봅니다. 대통령이 전지전능한 신이 아니기 때문에 모든 분야에 대해 전부 다 파악하는 것은 불가능하고, 또 그러한 과정을 갖기가 시간상 어렵기 때문에 집단지성을 활용한 것이죠.

끝으로 덧붙일 이야기가 있습니다. 이재명 대통령은 한 사람을 평가할 때 그 사람의 '첫 문장'에 집중합니다. 특정 의제에 관한 보고서이든 토론이든 첫 문장을 어떻게 구성했는지를 봅니다. 이 사람이 얼마만큼 준비를 해왔고, 어떤 이야기를 하고 싶은지 첫 문장에 전부 담겨 있다고 생각하기 때문입니다.

6
이재명식 인사의 원칙

성과, 검증, 전문성

'인사가 만사'라는 말이 있듯이 어느 조직에서나 인사는 무척 중요합니다. 특히 인사는 조직의 공정성을 확인할 수 있는 방법 중 하나이기도 해서, 공직 사회에서는 이를 매우 중요하게 여깁니다. 이재명 대통령은 이 점을 오래전부터 꿰뚫고 있었죠. 그렇다면 이재명 대통령의 인사 원칙은 무엇일까요?

이재명식 인사의 제1원칙은 무조건 성과입니다. 누군가의 밑에서 일을 했다든지, 이 사람의 지역과 학벌 등 출신 성분이 어떠한지가 중요한 게 아니라 과연 국민을 위해 무슨 일을 했고 어떤 성과를 냈는지를 중심으로 인사를 했습니다.

두 번째는 철저한 검증입니다. 한 공직자를 평가할 때

그 사람의 성과가 상급자가 바라볼 때는 부적절해보였어도 동료들 사이에서는 좋을 수도 있습니다. 반대로 상급자나 특정인이 잘했다고 평가하더라도, 그 이외에 모든 사람이 그렇지 않다고 생각하는 경우도 있습니다. 따라서 성과는 철저하게 함께 일하는 동료들을 중심으로 다면 평가를 해 왔습니다.

다면 평가 방식에 대해 좀 더 자세히 소개하면, 우선 평가 대상자의 직급과 직렬이 비슷한 동료들에게 무기명으로 설문지를 배포합니다. 여기서 동료들은 '함께 일해본 경험'을 바탕으로 승진에 적합하다고 생각하는 사람과 부적절하다고 생각하는 사람을 순위별로 기재합니다. 예를 들어, 승진 인원이 세 명이라면 동료들은 '승진시키고 싶은 사람'을 1순위부터 5순위까지, 또 '절대 승진해서는 안된다고 생각하는 사람' 역시 1순위부터 5순위까지 순위를 매기게 됩니다.

이렇게 수집된 결과는 단순 찬반투표가 아니라, 동료들의 집단적 판단을 수치화한 자료로 환산됩니다. 특정 개인이 소수의 상급자에게는 좋은 평가를 받았더라도 다수의 동료들에게서 낮은 점수를 얻었다면 승진에 불리해지고, 반대로 상급자에게는 눈에 잘 띄지 않았더라도 동료들

사이에서 신뢰와 협업 능력을 인정받은 사람은 높은 점수를 얻게 됩니다. 결국 공직자들이 잘 보이고 싶어 하는 상급자만의 시선보다 실제로 같이 일하는 사람들의 평가를 우선하는 것입니다.

마지막으로는 전문성입니다. 문화예술 분야 공직이라면 문화예술 현장 경험을 비롯한 전문성이 필요하고, 이는 경제든 교육이든 어느 분야든 마찬가지입니다. 이재명 대통령은 실제로 그런 현장 경험을 가진 전문가를 많이 채용해서 적재적소에 배치했습니다. 이런 지점이야말로 공직자들이 일을 함에 있어서 자부심을 느끼게 만들어주고, 반대로 어떤 결정을 내릴 때 외부에 수많은 사공들이 등장하는 것에 대한 하나의 보호막이 될 수도 있습니다. 비전문적인 조언들이 들어올 수 있는 루트를 막아주는 것입니다.

이재명 대통령은 공직 사회에 '어떤 자리에 가게 되면 무조건 승진한다'가 아닌, '어느 자리에 가도 본인의 전문성을 살리고 자기 역량을 발휘하면 승진한다'는 인식을 자리 잡게 하려고 노력했습니다. 그랬기 때문에 성남시장, 경기도지사 시절 모두 적극행정 우수 사례를 현실화해서 공무원들에게 표창도 주고, 인센티브도 주었습니다. '가만히 있으면 중간은 간다'는 인식을 깨부수는 게 이재명의 도전 과제이기도 했습니다. '잘하면 무조건 포상받는다. 잘할 수 있는 환경을 무조건 만들어준다'라는 기조, 이 단순한 기조가 공직자들이 더욱 신나게 일할 수 있는 계기가 되었다고 봅니다.

이재명식 용인술의 핵심

이재명 대통령은 특정 분야 인사를 할 때 그 분야에 대해 먼저 많은 공부를 합니다. 그 분야에 필요한 능력이 무엇인지 먼저 정확하게 파악하고, 그에 따라 역량과 지식을 갖춘 사람을 찾는 거죠. 세간에서 평가하는 이재명의 사람을 꿰뚫어보는 용인술은 먼저 그 분야를 꿰뚫는 통찰이 있었기 때문에 가능했던 겁니다.

이재명 대통령은 인사권자로서 '내가 직접 사람을 평가할 수 있어야 한다'라는 생각을 항상 가지고 있었습니다. 특정인에 대한 지난 평가들은 사실상 이재명이라는 사람 또는 인사권자 입장에서 직접 내린 평가가 아니거든요. 경제, 환경, 청년 등 어느 분야가 됐건 본인이 모르는 분야의 인사를 할 때 서툰 결정을 내리지 않기 위해서는 먼저 공부해야 하는 것이지요.

지금까지 이재명 대통령의 공직자론에 대해 그간의 함께 일해온 경험과 이재명 대통령의 발언을 토대로 살펴봤습니다. 국민주권시대 공직자들이 어떤 마음가짐으로 함께 일해야 하는지 청사진을 제시한 것이기도 한데요, 정부 부처 소속 공직자가 아니더라도 공직자라면 언제나 마음 깊이 새기면 좋겠습니다. 앞으로 민과 관이 함께 한마음 한뜻으로 국민주권시대를 열어가기를 바랍니다. 이어지는 4장에서는 이재명 대통령의 생생한 육성을 통해 공직자의 길을 다시금 되새길 수 있기를 바랍니다.

4장

이재명 대통령
〈국민주권시대, 공직자의 길〉
연설문 모음

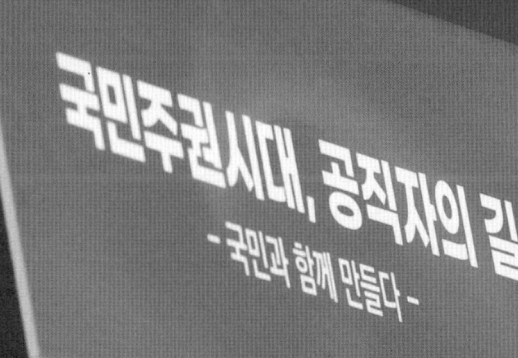

국민주권시대, 공직자의 길
― 국민과 함께 만들다[*]

교육생 여러분, 대한민국 주요 공직자로서 새로운 출발을 맞이하게 된 것을 진심으로 축하드립니다. 여러분뿐 아니라 대한민국 공직자로 일하는 분들을 꼭 만나서 하고 싶은 이야기들이 꽤 많이 있었습니다.

공직자란 무엇인가:
선출직과 임명직의 차이와 관계 설정

다 아시는 것처럼 저는 성남시장, 경기도지사를 거쳐 왔고,

---

[*] 이 글은 2025년 7월 14일 국가공무원인재개발원에서 열린 5급 신임관리자 교육생 특강 내용을 정리한 것이다. 이재명 대통령의 말을 최대한 그대로 실었다.

이제 대한민국의 국정을 잠시 책임지게 되었는데, 국민들이 맡긴 권한을 대신 행사하는 공직자의 입장에서 보면, 대통령이든 시장이든 도지사든 본인이 직접 할 수 있는 일이 거의 없어요. 대부분의 일은 결국 다시 임명직 공직자들에게 위임해서 순차적으로 할 수밖에 없습니다. 그래서 국정이든 시정이든 도정이든 모든 일의 성과는 결국 일선의 공직자들 손에 달려 있는 것이죠. 여러분 손에 이 나라 운명이 달려 있는 것입니다. 오늘 이 순간, 또 앞으로 어떻게 하느냐에 따라 여러분의 인생도 미래도 달려 있겠죠.

아마 이 중에 한 20, 30년 지난 다음 언론에 좋은 쪽으로 이름이 나는 사람도 있을 것이고, 안 좋은 일로 언급되어서 주변 사람들에게 손가락질을 받을 사람이 생길 가능성도 없지는 아니하겠지요. 없기를 바랍니다. 여러분들 스스로 공직을 마치거나 인생을 마칠 때쯤에 '나 정말 행복하게 살았어', '의미 있는 인생을 살았어' 하고 뿌듯하게 여길 수 있기를 진심으로 바랍니다. 인생 뭐 있습니까? 접대받고 대우받고 많이 챙겨놓아 봤자 결국 떠날 때 다 빈손으로 가는 것이죠.

우리가 공직자라고 할 때, 왜 공직자라고 하냐면 공적인 일을 하기 때문이죠. 공적인 일이 뭐냐면, 개인 또는 특정 영역에 있는 사람들의 일이 아니라 모든 사람들의 일을 한다는 것입니다. 공적인 모두에게 관계된 일, 그 일을 하되 자기 일이 아니라 남의 일을 대신하는 거죠. 여러분은 결국 월급 받고 남의 일을 하는 거죠. 이재명 대통령도 결국은 5년 동안 고용된 단기 임시직 계약직이죠. 5년 후에 또 평가를 받겠죠. '아, 저 사람 때문에 우리가 좀 더 나은 삶을 살게 됐어' 라고 하는 경우도 있을 수 있겠고, '저 인간 때문에 우리 이제 망했어'라고 할 수도 있겠죠. 그런데 결국 다 제 손에 달렸고, 제 마음에 달린 일이 아닐까 생각됩니다. 여러분도 마찬가지죠.

공직자는 '작은 신'의 역할

만약에 여러분들이 개인 사업을 할 때 뭘 잘못하거나 잘못 생각해도 피해는 여러분들이 하는 사업에 관계된 사람들에게만 미치죠. 또는 개인으로서의 삶을 잘못 살면 그 악영향도 아주 좁은 범위에만 미치지만, 여러분들은 누군가로부터 엄청난 권력과 권한을 위임받지 않습니까? 그래서 수없이 많은 사람들과 관계된 일을 하기 때문에 여러분의 판단과 행동에 따라서 많은 사람들이 더 나은 삶을 살게 될 수도 있고, 어쩌면 여러분들 손에 의해서 '나 아이들 껴안고 이 세상

떠나버려야지' 할 수도 있는 거죠.

여러분은 공직자이기 때문에 여러분 손에 사람들의 목숨이 걸려 있습니다. 어쩌면 작은 신의 역할을 하는지도 몰라요. 다른 사람들의 삶에 결정적 영향을 미치지 않습니까? 우리가 권력이라고 하면 무언가 폼나는 것, 남들한테 우월적인 것, 이렇게 생각하지만, 틀린 말은 아니죠. 그러나 더 중요한 것은, 권력이 뭐예요? '나의 의지를 타인에게 강제할 수 있는 힘', 그걸 권력이라고 하죠. 여러분은 그걸 가지게 된 겁니다. 대신에 이 권력이라고 하는 데는 똑같은 양의 책임이 부과돼요. 음지만큼 양지가 있는 거죠. 세상에 공짜가 어디 있습니까? 사람들이 여러분들에게 월급을 주면서 권력을 맡길 때는 다 목표하는 바가 있죠. 내 삶을 좀 더 낫게 해달라는 겁니다.

우리가 국가공동체라고 하는 것을 구성한 이유가 뭐겠어요? 간섭받지 않고 혼자 살면 편하겠죠. 그러나 함께 사는 것이 혼자 사는 것보다 더 낫기 때문에 함께 사는 것이고, 그래서 많은 사람들이, 물론 여러분도 국민의 일원이지만, 더 나은 삶을, 더 나은 세상을 만들어 달라고 힘들여 번 돈을 떼서 세금도 내고 우리가 가진 고유한 권력을 국가에 맡기고 그 권력에 복종하는 겁니다.

돈과 권력을 원하는 사람이라면
빨리 그만둘수록 행복하다

여러분은 올해 대한민국의 중간 관리자, 주요 공직자로 새로운 인생을 시작하게 됩니다. 여러분들 손에 2025년부터 새롭게 시작하는 대한민국의 운명이 달려 있습니다.

여기 계신 많은 분들, 어떤 생각으로 공직을 시작했는지 잘 모르겠어요. 만약에 돈을 벌어야지 생각했다면 공직은 빨리 그만둘수록 행복해질 수 있습니다. 공직은 명예로울 수 있죠. 내가 더 많은 권력을 가져야지 생각하면 공직을 하기보다 정치를 하는 게 훨씬 나을 것 같아요. 아마 짧은 시간 안에 '내가 이걸 왜 하고 있지' 하는 생각이 들 가능성도 없지는 않습니다. 요즘은 공직하다가 그만두는 사람이 많다고 하더군요.

물론 5급 중간 관리자 사무관은 다른 공직자들하고 다르기는 하죠. 새파란 젊은이들한테 남들은 30년 해도 겨우 될까 말까 하는 5급을 달아주고 거기서부터 출발하게 하는 게 맞느냐 하는 주장도 없지는 않아요. 그러나 저는 필요하다고 봅니다. 역사적으로 봤을 때 과거제도가 있을 때는 (나라가) 흥했고, 음서제도가 흥했을 때는 (나라가) 망했다, 이렇게 확신하는 사람입니다. 그래서 훌륭한 인재를 잘 뽑아서, 잘 교육해서 바른 마음으로 국가를 책임질 수 있게 한다면 그 나라가 아주 흥할 수 있을 거다, 라고 생각합니다. 여러분도 (공직 사회의) 중요한 한 구성원이 될 거라고 생각하고 여러분의 합격을, 새로운 공직자로서의 출발을 다시 한번 축하드립니다.

제가 20분 얘기하고 40분은 일종의 토론을 하기로 되어 있는데 질문이나 의견 많이 준비하셨어요? 공직자의 물이 조금 들어서 일단 말을 하지 않는다, 두 번째 눈치를 본다, 아직 그렇게 되지는 않았을 거라고 보고 질문하는 시간을, 의견을 내는 시간을 좀 갖도록 하겠습니다.

공직자를 선택하는 세 가지 기준:
방향, 성실함, 테크닉

저는 공직자들을 선택할 때, 예를 들면 더 나은, 더 중요한 일을 맡길 때 쓰는 기준이 있어요.

첫 번째는 방향이 중요합니다. 사람들은 보통 능력이 중요하다고 얘기해요. 기술적 능력을 말하는 겁니다. 모든 걸 다 합친 게 능력이기도 하죠. 기술적 능력 중요하고, 테크닉도 중요합니다. 그런데 그보다 중요한 것은 방향이에요.

공직자로서는 국가에 충성하고 국민을 사랑해야죠. 기술적 능력이 뛰어나면 뭔들 못하겠어요. 하지만 그걸 사적이익을 도모하는 데 잘 쓰면 나라는 망합니다. 그런 속세적의미의 유능함은 없는 게 차라리 낫죠. 그래서 방향이 중요하다는 것입니다.

국민 모두를 위한 봉사자, 공직자의 기본적 자세, 내가 왜이 일을 하는가, 나라를 위해서, 5,200만의 삶이 내 손에 달려있다, 하는 기본적 자세가 필요합니다. 실제로 여러분들이하는 것에 따라 여러분 자신의 삶뿐만 아니라 정말로 많은사람의 인생이, 삶이, 생명이 달려 있습니다. 더 나은 삶을 살게 될 수도 있고, 더 혹독한 삶을 살게 될 수도 있는데, 그야말로 여러분들이 눈도 깜짝 안 하고 손가락으로 까딱까딱하는 이 행동 하나에 엄청나게 많은 사람들의 삶이 달려 있고이 세상의 운명이 달려 있다는 겁니다. 그렇기 때문에 여러분들의 마인드, 기본적인 마음과 자세가 정말로 중요합니다.

두 번째로 중요하게 여기는 게 성실함입니다. 토끼와 거북이의 예를 들면, 유능하고 아무리 방향이 맞아도 땡땡이치고 게으르면 무슨 소용이 있겠어요. 부족해도 최선을 다하는 사람이 훨씬 더 훌륭한 공직자일 겁니다. 사람이 어떻게 완벽하겠어요. 다 모자란 게 있죠. 특장점들이 있는데, 그 특장점을 잘 찾아서 성실하게 최선을 다하는 게 정말로 중요하다는 생각이 듭니다.

그리고 마지막이 테크닉이죠. 기술을 끊임없이, 역량을 끊임없이 개발해야죠. 똑같은 조건에 똑같은 상황에서 똑같은 물건을 파는 똑같은 가게 주인인데, 누구는 흥하고 누구는 망합니다. 여러분들 식당 많이 가죠? 식당 갔을 때 제일 많이 보는 데가 어디예요? 예를 들면 여러분의 판단이나 기분에 가장 크게 영향을 미치는 요소가 뭡니까? 음식의 양인가요? 음식의 품질? 종업원의 자세? 주인의 태도? 더러운 화장실? 아마 제일 영향을 크게 미치는 건 더러운 화장실이 아닐까 싶은데, 그런 거죠. 똑같이 출발했는데 길게 보면 한 번 접촉하고 한 번 경험할 때마다 조금씩 조금씩 잃는 사람이 있어요. 그런데 한 번 접촉하고 한 번 행동하고 한 번 실행할 때마다 조금씩 조금씩 더하는 사람이 있습니다. 플러스를 해가는 사람, 마이너스를 만드는 사람, 처음에는 차이가 거의 나지 않죠. 그런데 이게 나중에는 철길이 쭉 갈라지는 것처럼 천지 차이를 만들어낼 겁니다.

아마도 10년 20년, 지금 생각하면 10년이 길게 생각되지만 사실 지나고 보면 순식간인데, 누군가가 여러분을 선택하거나 여러분도 선택할 때가 오는데, 그게 그때 잘한다고 되는 게 아니라는 거죠. 이때까지 뭘 했느냐 어떻게 했느냐가 그때 다 반영이 됩니다.

공직자 인사에서 실패하지 않는 법

저는 공무원 인사를 하면서 크게 욕먹지 않았는데 이유는 아주 단순해요. 물어보면 됩니다. 누구한테 물어보냐, 동료들한테 물어보면 다 알아요. 그리고 이 동료들한테 권한을 주고 "자, 너희 동료 중 지금 승진 대상자가 10명 있는데, 한 30명, 50명 되는 동료들, 동일 직급의 동일 직렬의 사람들한테 대표를 뽑아봐라, 대표를 3명 정도를 뽑은 다음에 번호를 매겨라, 승진시키고 싶은 동료를 1부터 15등까지 순서를 매겨라" 했죠. 제가 (승진 후보자 수를 승진 대상자 수의) 1.5배를 하게 했거든요. "이 사람이 (승진)하면 안 된다고 생각되면 끝에서부터 역으로 떨어뜨릴 사람의 번호를 매겨라, 승진 안 시키고 싶은 사람의 순서를 매겨라" 했죠.

그러면 떨어뜨리고 싶은 사람 순서는 거의 같지 않는데, 1, 2, 3, 4, 5등 순서가 거의 비슷합니다. 거기에 따라 하면 승진 인사가 거의 욕을 먹지 않더라고요. 여러분 동료들이 사실은 여러분들에 대한 평가자들이죠.

어쨌든 앞으로 긴 공직 생활을 하게 될 가능성이 매우 높은데, 그 사이에 매 순간순간 스스로의 역량을 키워주세요. 조금씩 조금씩 쌓입니다. 처음에는 차이가 별로 없죠. 땡땡이 치고 어디 이상한 데나 관심 가지고, 세상 사람들의 삶에 관심이 없는 공직자와, 끊임없이 세상 사람들을 위해서 내가 뭘 할 수 있을까, 내가 어떻게 하면 더 유용한 도구가 될까, 내가 5,117만 명 대한민국 국민들에게 영향을 미치는 사람인데 어떻게 하면 좀 더 나은 결과를 만들어낼 수 있을까를 고민하면 실력이 조금씩 조금씩 느는데, 한 20년 지나고 나면 그 차이가 확 벌어져 있겠죠.

'청렴'은 공직자의 기본:
돈은 마귀다

그리고 이건 기본에 관한 것인데, 공직자는 청렴해야 돼요. 여러분, 돈이 마귀예요. 제가 성남시장 때부터 수없이 한 얘기인데, 돈이 마귀입니다. 이 마귀는 절대로 마귀의 얼굴을 하고 나타나지 않아요. 가장 아름다운 천사의 모습을 하고 나타나죠. 어떤 천사? 친구, 친척, 선배, 동료, 어쩌면 사랑하는 애인. 어쨌든 아주 아름다운 관계의 모습을 하고 나타나서, 처음에 누가 마귀 짓을 하겠어요, 천사 짓을 하죠.

어려울 때 좋은 문자를 매일 보내요. "고생 많으시죠." 그 다음에 전화가 와요. "애쓰십니다. 국민의 한 사람으로서 존경합니다. 과장님, 팀장님" 이러면서. 그러면 좀 이따가 나타나서 "아이고 어려우신데 커피라도 한 잔, 차라도 한 잔, 밥이라도 한 끼" 그러다 "술이나 한잔", "골프라도 한번", "아, 상품권 이거 우연히 생겼는데" 하며 10만 원짜리 한 장. 그 다음에 "요새 여유가 좀 더 생겼어" 하며 20만 원, 30만 원. 그러다가 룸살롱 가서 선물 잔뜩 갖다주고. 나중에는 내성이 생겨가지고 별 느낌이 없다가 어느 날 보니까 이 사람이 그걸 장부에다 다 써놨다는 걸 알게 되죠. 언제 그게 드러나냐면, 그 사람이 잡혔을 때.

특수부 검사들이 조사하는 기법이 딱 정해져 있어요. 아주 너무 쉬워요. 일반 사범을 잡으면 인사 고가에 별로 영향이 없는데 공직자를 잡으면 아주 평정 점수가 높습니다. 그래서 맞바꿀 준비를 하고 있죠. 방법은 먼저 관가 근처에서 놀고 있는 업자들을 일단 쫙 훑어서 잡아다가 조사를 하면, 그런 업체들이 대개는 뻔히 법인 경영을 엉망으로 하고 있죠. 뭐 사실상 개인 회사니까. 연구개발 열심히 하고 국제적인 해외시장 개척해가지고 글로벌 경쟁하는 사람이 관가 근처에서 놀겠습니까? 물론 크게 노는 데도 없진 않겠죠. 대개는 '관급 공사 따겠다', '인허가 어떻게 받아가지고 부당하게 남들보다 우월한 입장에서 경쟁을 해보겠다', 이런 사람들이죠. 관가 근처에서 노는데 이런 사람들이 대개 회계장부를 뒤져보면 엉망진창이죠. 다 그렇게 하니까. 그거 빼가지고 잠깐 집 살 때 잔금 냈다가 다시 갚고, 주식 좋다는데 잠깐 샀다가 다시 갚고. 그런데 이건 이론적으로 따지면 다 횡령 배임죄에 해당되죠. 다 합치면 몇 십 억 나오죠.

그걸 잡아다가 "네가 갈래? 누구 대신 보낼래?" 이렇게 물어보면 그때를 위해서 다 준비를 갖추고 있죠. 장부에다가 다 써놨어요. ○○ 사무관한테 언제 상품권 32만 원 줬더니 엄청 좋아하더라. 장소, 표정까지 다 써놔요. 그리고 현금으로 준 건 증거가 안 남으니까 방법이 (따로) 있죠. 실제로 있었던 일인데, 현금을 찾으면 띠지를 떼고 고무줄로 말아서 준대요. 띠지에 뭐가 있냐. 그 띠를 만든 은행 창구 직원의 도장이 찍혀 있어요. 그거를 다 모아서 요거는 ○○ 사무관 준 거, 요거는 무슨 서기관 준 거, 다 써놓죠. 왜 써놓냐? 자기가 잡혔을 때를 대비해서 그 장부를 싹 관리하고 있어요.

그래서 수사기관이 관가 근처에서 업자를 잡으면 첫 번

째 하는 일이 장부 찾으러 가는 일이에요. 그래서 여러분들은 특정한 시기가 지나 이게 쌓여서, 처음엔 몰랐겠죠, 위험한 시기가 되면 그 사람이 태도를 돌변합니다. 처음에는 "사무관님" 하며 "간도 떼어 드릴게요", 그런데 어느 날부터 "우리가 남이가, 네가 나한테 어떻게 이럴 수 있어, 나이도 어린 게 말이야" 이렇게 나옵니다. 그때는 이미 코가 꿰어 있어요. 내 인생이 내 인생이 아닌 거죠. 그렇게 살고 싶어요? 절대로 거기에 넘어가지 마세요.

문제는 그들도 엄청난 프로들이라는 거죠. 처음부터 그러지 않아요. 그래서 아예 문제될 일을 하지 않는다, 불필요하게 아예 업자는 만나지 않는다, 그게 제일 안전하죠. 그렇다고 할 일을 안 할 필요는 없겠죠.

어쨌든 여러분, 세상이 그렇게 험한 곳이에요. 돈이란 그렇게 무서운 것이죠. 부모 자식도 없어요. 많이 봤죠? 저는 변호사를 하면서 부모 자식 간에 돈 때문에 소송하는 거 진짜 많이 봤어요. '이거는 사람이 아니다'라는 생각이 들 때가 많았습니다. 어쨌든 돈은 그렇게 무서운 거니까 마귀다, 이렇게 생각하고 조심하시면 여러분의 인생이 편해질 수 있어요.

험한 세상에서 유혹을 피하는 방법

너무 힘든 얘기만 했군요. 혹시라도 구렁텅이에 빠지지 말라고 제가 여러분들한테 드릴 수 있는 일종의 선물 같은 거죠. 나중에 생각해보면 아슬아슬했을 때가 많이 있을 수 있습니다. 저도 그럴 때가 많아요. 제가 시장이 되고 나니까 웬만나자는 사람이 그렇게 많아요. 정말로 많더라고요. 그때저는 저를 사랑해서 만나자는 줄 알았어요. '아, 내가 인기가 엄청 좋구나' 하고. 그런데 이 사람들이 만날 때마다 저한테꼭 뭘 부탁을 해요. 그리고 심지어, "아, 이거 쓰시죠" 하며이렇게 주기도 하고요.

제가 그때 시장실에 CCTV를 달았는데 이유가 돈을 받는증거를 찍어놓기 위해서가 아니고 사실은 용도가 다른 거였어요. 그때 당시가 한명숙 총리 재판을 아마 하고 있을 그 시점이었던 것 같습니다. 저도 법률가로서 재판하면서 먹고 살아왔기 때문에 '입증 책임'이라고 하는 걸 너무 잘 알고 있죠.

업자가 어느 날 잡혀가지고 "제가요 언제 ○○ 시장을만났는데 그때 봉투에 3,000만 원 넣어 줬어요"라고 거짓말을 했다고 쳐보세요. 일단 검찰이 증명을 해야 되는데, 만약에 그때 그 사람이 나를 만나서 봉투에 100만 원을 넣어서

줬는데 내가 돌려줬다고 생각해보세요. 받은 건 거의 사실에 가깝죠. 받았다가 "이게 뭐예요?" 하고 돌려줬으니까. 그런데 3,000만 원은 아니고 100만 원이다, 300만 원이다, 하여튼 동그라미 한 개 있냐 없냐의 차이죠.

그런데 생각해보십시오. 나를 만날 이유가 있는 사람이었죠. 실제로 만났죠. 그리고 내가 안 들어주긴 했지만, 뭔가 부탁을 했어요. 무언가 하여튼 나를 줬어요. 그건 팩트예요. 그런데 그다음부터 내가 해야 될 일이 뭐예요? "저는 돌려줬습니다. 알고 보니까 300만 원밖에 안 됐어요. 저는 거절했습니다." 그런데 증명이 안 돼요. 그러면 그 사람 말이 진실이 되는 거죠. 특히 거기에 일정한 의도가 끼어 있다, 라고 하면 이건 꼼짝없이 당하는 거예요.

그래서 제가 그때 갑자기 무서워져서 업자들 경고용으로 (설치했죠.) 언론들 보라고 한 게 아니에요. '너네는 나한테 거짓말할 생각 꿈에도 꾸지 마라, 내가 너네 만나는 장면을 다 찍어놓는다.' "저 봤죠, 저기 찍고 있어요" 하고, 온 동네 언론에 소문을 냈더니 그게 연합뉴스 등등에 보도가 되고 난 다음부터 면담 신청이 확 줄었어요. 신통하지 않습니까? 그래서 결국은 제가 돈 받았다는 소리는 다행히 안 듣고 살았죠. 엉뚱한 이상한 소리를 듣긴 했지만, 어쨌든 세상은 그렇게 험하니까 여러분들도 잘 지키시기 바랍니다.

공직자의 태도가
대한민국의 미래를 결정한다

마지막으로 이 말씀을 드려야겠는데, 여러분들뿐만 아니라 대한민국 공직자들에게 제가 드리고 싶은 말씀입니다.

공직자들이 어떤 태도로 뭘 하느냐에 따라서 그 나라는 흥하기도 하고 망하기도 해요. 제가 선거 때 (했던 얘기인데) 똑같은 조선인데 선조가 있는 조선은 망했고, 정조가 있는 조선은 흥했다. (정조는) 열심히 백성을 사랑하고 존중하고, 노비든 평민이든 가리지 않고 유능하면 데려다가 쓰고, 그리고 혹시라도 지방 관료들이 백성들을 괴롭힐까 싶어가지고 징을 들고 서울에서 수원 화성을 왔다 갔다 하면서 "억울한 백성들은 나와서 징을 쳐라, 그러면 내가 들어줄게" 했는데, 그걸 본 지방 관아 관리들이 어떤 생각이 들었겠습니까? 내 관아의 백성이 혹시라도 가서 징을 치는 날, 자기가 바로 경을 치는 날이죠.

그래서 그 행위 하나만 가지고도 아마 전국의 지방 관리들이 부정부패로 백성을 괴롭게 한다는 건 꿈도 못 꿨을 거예요. 백성들에게 "혹시 불편한 거 없으세요?" 이렇게 백성들을 위무했겠죠. 그래서 정조는 1년에 한 열흘 정도 징을 들고 화성을 왔다 갔다 하는 것으로 지방 관리들을 전부 제압한 거예요. 딱 이 한 가지의 행동으로. 그래서 여러분들 손에 나라의 운명이, 국민들의 삶이, 어쩌면 목숨이 달려 있다, 하는 것이죠. 예컨대 안보를 다루는 군인들이 쓸데없는 이상한 목적으로 불필요하게 전쟁을 하도록 자극을 했다? 어떻게 됐겠습니까? 수없이 많은 사람들이 목숨을 잃는 건 말할 것도 없고, 아마 경제가 폭망을 해서 입으로 손가락 빨면서 먹고 살기 어려워서 또 극단적인 선택을 할 수밖에 없는 사람들이 무수히 생겼겠죠. 그 작은 하나의 행동으로.

그래서 공직자들 손에는 정말로 많은 사람들의 삶이 달려 있습니다. 여러분들에게도 마찬가지예요. 여러분들은 더군다나 대한민국 공직자의 중간 관리자, 중간 간부, 사무관에서부터 출발하지 않습니까? 여러분 손에 엄청난 권한이 주어져 있죠. 여러분들 하기에 따라서 대한민국이 흥한 대한민국이 될 수도 있고, 망한 대한민국이 될 수도 있습니다.

해도 해도 끝이 없는 공직의 일은
쉽고 간단한 일부터 빠르게 해치워라

그런데 문제는 공직자들이 일을 할 때 끝이 없어요. 공직의 특성이 그런 겁니다. 공직은 정해진 확실한 일이 없어요. 정말로 하려고 하면 해도 해도 끝이 없어요. 그런데 안 해도 별로 상관이 없어요.

그래서 공직자들 앞에는 일거리가 산더미처럼 쌓여 있어요. 그래서 저는 일처리 방식이 각자 알아서 하겠지만, 이렇게 합니다. "쉽고 간단한 일부터 빨리 해치운다."

제 책상에는 서류가 쌓여 있지 않습니다. 최대한 빨리 내가 할 일을 하고 그다음 맡기죠. 이게 부족하면 보완해서 와라, 이건 당신이 알아서 해라, 이거는 된다 안 된다, 그리고 진짜로 판단이 복잡하게 어려운 일이 있으면 판단할 자료를 더 만들어 오라고 내 손은 떼고 딴 데다 맡겨놓죠. 그래서 쉽고 간단한 것부터 빠르게 처리하면 성과가 납니다. 대개는 보면 어렵고 중대한 일을 갖고 끙끙 앓다가 아예 아무것도 안 해버리죠. 그러면 성과를 내기가 어렵습니다.

권력은 파초선과 같은 것

여러분들은 평생 공직을 할 거니까 모르겠는데, 저는 이제 5년 임시직이니까 시간이 제한되지 않습니까? 그래서 저는 앞으로 이렇게 하려고 하죠. 시간을 두 배로 효율성 있게 쓰면 임기가 10년이 될 수도 있는 거 아닙니까? 그래서 모든 일들을 최대한 신속하게 처리할 생각입니다.

그래서 공직자들도 할 수 있는 일부터 빨리 하자, 시간 질질 끌지 말자합니다. 다시 한번 얘기하지만 여러분들은 민원을 일주일 만에 처리하나, 2주 만에 처리하나, 아니면 6개월 후에 처리하나 상관이 없겠죠. 그러나 그 민원의 당사자는 1명일 수도 있고, 1,000명일 수도 있고, 100만 명일 수도 있는데, 그 사람들은 흥망이 달려 있어요. 인생이 달려 있습니다. 여러분들에게는 그냥 수없이 많이 쌓인 민원서류 중 하나에 불과하지만 말입니다.

파초선 이야기를 제가 가끔씩 하는데 들어보셨죠? 시험 공부하느라고 혹시 《서유기》도 못 읽어본 건 아닐 테고요. 어딘가 불이 나서 손오공이 그 불을 꺼야 되는데, 불을 끄려면 파초선이라는 부채가 필요합니다. 그거 누가 가지고 있냐하면 어떤 마녀가 가지고 있죠. 마녀한테는 그냥 부채예요.

그냥 바람을 일으키는 물건에 불과한데, 그걸 한 번 부칠 때마다 세상에 폭풍우가 일고 태풍이 불고 천지가 개벽을 하죠. 이게 권력이에요. 여러분 손에 들려 있는 펜, 업무, 이것은 세상에 폭풍을 일으키는 파초선 같은 거죠. 그래서 권력이란 무서운 겁니다.

여러분들도 따져보면 친구들하고 똑같이 생맥줏집에서 같이 술 마시는 한 친구에 불과하겠지만, 여러분들은 세상에 엄청난 뇌우 벽력을 가져올 수 있는 권력이라고 하는 파초선을 들고 있는 거예요. 그러니 이것을 잘 써주시기 바랍니다.

공직 사회의 이상한 풍토, 정치가 바로잡아야

근데 장애가 하나 생겼죠. 어떤 장애냐? 여러분들은 행정직 공무원이어서 재량이 너무 많아요. 해야 되는 일과 하면 안되는 일 빼고 해도 되고 안 해도 되고, 이리 해도 되고 저리 해도 되는 재량, 이 재량이 너무 많고 넓죠. 이 재량 범위 내에서 내가 선의를 가지고 한 일이 실패할 수도 있고 성공할 수도 있죠.

그런데 어느 날인가부터 실패를 하면 '너 왜 그렇게 결정했어?'라고 책임을 묻는 이상한 풍토가 생겼어요. 이러다 보니까 공직자들이 의무가 지어진 일 외에 내가 책임질 여지가 있는 일은 절대로 안 하기로 마음먹기 시작했습니다. 이러면 그 사회가 경직되죠.

이게 지금 현재 대한민국 공직 사회의 가장 심각한 문제입니다. 누구 때문이냐? 여러분 때문은 아니죠. 일선에서 일하는 공무원들 때문은 아닙니다. 정치 때문이죠. 이것을 고쳐야 됩니다. 이 점에 대해서는 저도 총력을 다해 일선 공무원들이 스스로 합리적으로 판단해서 선의를 가지고 한 일에 대해서는 어떤 경우에도 책임을 묻지 않는 그런 제도, 그런 공직 풍토를 꼭 만들도록 하겠습니다.

여러분도 이제 교육 끝나고 돌아가시면 하실 일이 많을 텐데, 그런 점에 대해서 최소한 (책임에 대한 부담을) 내려놓을 수 있도록 노력하시기 바랍니다. 그래도 안 믿어질 거예요. '네가 내 인생 끝까지 책임질 거냐?' 이런 생각도 들죠. 그렇다고 해도 돼요. 사실이죠. 그러나 제도도 바꾸고 풍토도 바꾸고, 그래서 공직자들이 선의를 가지고 하는 일들에 대해서 어떤 다른 목적으로 사후적인 책임을 묻는 그런 일들은 없도록 최선을 다하겠습니다.

공직자들이 처하는 어떤 선택과 결정의 단계에는 가능성이 무궁무진하죠. 그리고 사후적으로 이 결정이 잘됐다, 아니면 그보다 더 나은 결정이 있었다, 라고 책임을 묻고 평가하게 되면 이거는 공직자들한테 신이 되라고 요구하는 것이나 마찬가지예요. 우리는 신이 아니잖아요. 사람으로서 최선을 다하는 거죠.

얘기가 너무 길었는데 이상으로 제 일방적인 얘기는 여기서 마치고 여러분, 합격을 축하하고 대한민국의 중간 주요 공직자로서의 출발을 진심으로 축하드립니다. 고맙습니다.

청년이 머무를 수 있는
지역 환경 조성은 어떻게 가능할까?

질문1 지역 균형 발전을 위해서는 청년이 머무를 수 있는 지역 환경을 조성하는 게 중요하다고 생각합니다. 지역에서 청년들이 학업, 취업, 그리고 정책까지 나아가는 데 있어서 이를 위해 새 정부가 구상 중인 정책 방안은 어떤 것이 있는지 여쭤보고 싶습니다.

대한민국의 문제만은 사실 아닌 것 같습니다. 전 세계적인 현상이 성장률이 떨어지고 있는 거예요. 성장률이 떨어진다는 것은 기회 총량이 상대적으로 줄어든다는 얘기이고, 기회가 줄어들면 청년들, 새로운 사회 진입 계층인 약자인 청년들이 어려움을 겪게 됩니다. 청년들이 새로운 기회를 얻기 어려워지니까 경쟁은 격화되고 또 미래에 대해서 불확실해지거나 좌절하게 되고, 그러니까 화가 나겠죠. 더군다나 이제 삶의 조건이 또 어렵고, 그다음 세대, 안 그래도 어려운 청년의 그다음 세대들에 대해서는 더 암울하다 보니까 출산도 결혼도 망설이게 되는 그런 현상이 생겼습니다.

전 세계적으로 어려운 상황이긴 한데, 대한민국은 거기에 몇 가지 요소가 추가되고 있죠. 첫 번째가 성장률 추락에 더해서 수도권 집중이 사실은 좀 심각해요. 안 그래도 자원이 좀 부족하고 경제는 격화됐는데 지방은 다 소멸하다시피 하고, 수도권에만 집중이 되다 보니까 자원 배분도 비효율적이고, 자원 활용도 잘 안되다 보니까 또 더 어려워진 측면이 있습니다.

그러니까 당연히 지방은 더 어려워졌죠. 또 지방 청년은 더 어려워진 것 같습니다. 해결책이 있냐. 해결될지는 모르겠지만 완화를 하기 위한 최소한의 노력은 해야 되겠죠. 그래서 결국 지역 균형 발전에 우리가 주력해야 될 이유인데,

구체적으로는 어떤 방법이 있냐? 첫째는 지금까지는 사실 정책, 여러분들이 하게 될 국가권력 행사에서 중앙집중적인 사고 또는 그에 기반한 중앙집중적인 자원 배분이 이루어졌어요. 예를 든다면 지방에는 어디 부·울·경, 충청 메가시티, GTX, 순환고속철도망 이런 것을 만들자고 하면, 거기는 사람도 별로 없는데 굳이 그걸 만드냐 그러면서 서울은 ABC에 이어서 DEF까지 계속 만들고 있죠.

물론 단계적으로 보면 효율성이 높습니다. 많은 사람들이 있으니까요. 또 세금도 많이 내니까. 그러나 이 방향을 일부 교정을 좀 해야 될 것 같아요. 정부의 국가 역량 배분에서 지방에 대한 균형적 시각보다는 지방에 대한 추가적인 인센티브가 필요하겠다는 생각이 듭니다. 예를 들면 지금은 재생에너지 중심 사회니까 재생에너지가 풍부한 지역에 기업과 산업들이 입지할 수 있도록 하는 각종 제도들을 만들어야 되겠죠. 억지로 보낸다고 되겠습니까? 해수부를 부산으로 보낸 건 사실은 상징적인 조치죠. 그 자체를 가지고 부산이 엄청나게 발전, 또는 경남이 엄청나게 발전한다고 보기는 어렵습니다.

그러나 우리가 그에 대해서 관심이 있다, 또 새로운 북극항로 개척이라고 하는 새로운 아이템으로 부산, 경남, 울

산 지역에, 영남 남쪽 지역에 새로운 기회를 만들어 보겠다는 희망을 보여주는 거죠. 전남, 광주와 같은 지역들은 태양광이든 풍력이든 재생에너지의 보고니까 거기에 재생에너지를 싸게 활용할 수 있는 시스템을 갖추고 전기에너지를 많이 사용하는 미래 첨단 기술 산업들을 대대적으로 유치할 수 있도록 세제든 교육제도든 다양한 지원정책을 만들어 보려고 합니다.

너무 어려운 질문이라서 답하기 너무 어려운데 지역 균형 발전이라고 하는 게 우리가 대대적으로 관심 갖고 투자를 하는 게 길이다. 구체적으로는 어떻게? 앞으로 계속 토론해서 찾아보도록 하겠습니다. 앞으로 지방 균형 발전에 각별히 관심 가지고 열심히 해보시기 바랍니다.

공무원의 조직 문화, 보수 체계, 그리고 MZ세대에 친화적인 행정 계획

질문2 최근 들어 MZ세대의 공직 매력도가 하락을 하고 있는 상황입니다. 공직자를 배출하는 주요 학과에서는 공무원이 될 노력으로 차라리 다른 민간 기업을 가겠다는 분위기를 형성하고 있고, 공직이 입직한 이후에도 빠르게 퇴사를 하는 사례가 이전에 비해 증가하고 있습니다. 많은 원인이 있겠습니다만 저는 크게 두 가지 측면에서 그 원인이 있다고 생각하는데요. 첫 번째로 조직 문화입니다. 사실 중앙정부는 많이 개선이 된 편입니다만 지자체의 경우에는 여전히 신입 공무원들의 과장님 모시기 관행을 비롯해서 여러 가지 악습들이 잔존하고 있습니다. 그리고 인수인계 매뉴얼은 없는데 조직 내 힘든 일들은 신입이 '짬처리'를 하게 되는 그런 사례들도 많이 있는 것으로 들었습니다. 다음으로는 보수 체계입니다. 현실적으로 공공 부문이 민간 부문과 유사한 수준의 급여가 지급되는 것은 어려운 일이라고 생각합니다. 그렇지만 민간 대비 공무원 보수 수준을 나타내는 이른바 공무원 보수의 민간 대비 접근율이 2000년 통계 작성 이후 최저 수준을 기록한 것으로 2023년에 집계된 바가 있습니다. 그래서 다년간의 청춘을 투자해서 쟁취한 공직에 대해서, 그리고 국민에 의해 봉사한 사명감에 대해서 노력한 만큼의 보상, 그 가치만큼의 보상이 체계화되는 것이 충분히 될 수 있다고 판단이 되는데, 이에 대해서 대통령님의 문제의식, 그리고 향후 MZ세대에 친화적인 행정 계획의 방향성이 궁금합니다.

좋은 질문입니다. 사무관들은 어떤지 모르겠는데, 최근에 9급 합격자들 중 상당수가 중도 퇴직한다고, 조기에 퇴직한다고 합니다. 9급 공무원들의 임금 수준이 최저임금을 겨우 벗어난 정도, 거의 그에 근접하는 정도라고 하죠. 그리고 과거에는 공무원들이 당장 보수는 낮아도 연금제도가 상당히 유리하다고 해서 '재직기간 잘 견디면 퇴직 후는 행복하다' 이렇게 생각했다는데, 지금 연금개혁으로 인해서 내는 만큼 받자, 왜 공직자들에 대해서 이렇게 특혜가 많냐 하는 국민적 반론 때문에 연금개혁이 점점 이루어지면서 공직 사회에 대한 보수 매력도는 떨어지고 있는 거죠. 그러다 보니까 연금에 특별한 혜택이 없다면, 보수라는 측면에서 본다면 이 박봉을 견디면서, 특히 동사무소 가서 생고생하면서 내가 왜 버텨야 되냐 이런 생각이 들 수도 있을 것 같아요. 그래서 퇴직자가 많다고 합니다.

어쨌든 이 점에 대해 저도 문제의식을 가지고 있는데, 문제는 청년세대든 누구든 국민들이 직업을 선택하는 데서 1번 공직자, 2번 공기업, 3번 대기업 이렇게 순위가 정해져 있잖아요. 물론 그 순위는 다를 수도 있겠어요. 그래도 다른 데보다는 나은 편이다. 약간 서글픈 현실이긴 하죠.

어쨌든 청년들의 일자리 문제를 근본적으로 해결하는

게 우선순위 같고요, 공직자들의 처우 개선도 중요한 과제이긴 한데 그게 우선순위인지에 대해서는 우리 국민들이 공감하기는 그렇게 쉽지는 않을 것 같아요. 그나마 그것도 괜찮은 자리라고 생각되니까요. 사회 전체적으로 우리 개선해야 될 점들이 너무 많다, 이런 생각이 듭니다. '쟁취한 공직'이라는 표현을 했는데, 저는 쟁취를 했든지 쉽게 얻었든지 공직 자체의 매력도를 가지고 판단하는 게 더 중요하겠다는 생각이 들어요. 나름의 의미를 공직 자체에서 찾아야지, 높은 보수, 다른 일반 기업에 비하면 별로야, 라고 생각하면 사실 공직에 대한 매력을 느끼기 쉽지 않을 거예요. 앞서 제가 돈을 벌려면 기업으로 가고 창업을 하는 게 낫겠다고 말씀드렸잖아요.

또 한 가지 이런 것도 있어요. 대한민국의 우수한 자원들이 지나치게 공직으로 몰린다는 지적이 있습니다. 사실 행정고시 보신 여러분들 대단한 사람들 아닙니까? 20대 또는 30대의 일반 일선 공직자들이 30년 해야 겨우 도달할까 말까 한 엄청난 거죠. 중앙 공무원들은 좀 다르긴 한데, 지방 공무원들은 사무관 되기도 어려워요. 9급에서 출발한 기초단체 공무원들은 사무관 되는 게 꿈이라서 어떤 아주 나쁜 단체장 만나면 뇌물 주고 이러죠.

그런데 어쨌든 여러분들은 시험으로 5급을 출발점으로 취하게 된 거니까 엄청난 기회를 가진 겁니다. 사실은 길게 보면 그 사회가 가진 우수한 자원들은 과학기술, 첨단산업 이런 부분에 더 많이 투입되는 게 바람직합니다. 자칫 잘못하면 이 나라가 공직에, 요즘 이공계가 전부 의대에 가는 것도 사실 심각한 문제죠. 조금씩 고쳐봅시다.

사랑받는 막내 사무관이 되는 법

질문3 저희가 지금 부처 배치와 면접을 앞두고 있습니다. 이전에 공직자 선택하시는 기준으로 방향, 성실함, 기술을 말씀해주셨는데 이외에 특히 신입 공무원으로서 만약 대통령님이 면접관이시라면 어떤 신입 공무원을 뽑고 싶으신지, 또 저희가 어떻게 하면 사랑받는 막내가 될 수 있을지 묻고 싶습니다.

정말로 중요한 질문이죠. 사람들의 마음이 얼굴에 쓰여 있습니다. 그런 게 있죠. 사실 마음이 제일 중요해요. 특히 나이가 들면 들수록 점점 판단 기준을 사람의 마음에 두게 됩니다. 처음에는 잘 안 보여요. 외모만 보여요. 그런데 시간이 지나면 지날수록 눈빛 뒤에 감추어진 그 사람의 진실한 내면이 보이기 시작합니다. 약간 삐딱하게 이상하게 가면 첫인상을 보기 시작하죠. 사람들 사이에 교감이라고 하는 게 있어요. 남녀 간의 관계도 순간적으로 딱 보자마자 결판난다는 거 아닙니까? 판단이 금방 이루어진다는 뜻이죠.

강아지도 자기를 좋아하는지 싫어하는지를 압니다. 제가 오늘 아침에도 제 아내하고 그것 때문에 갈등이 조금 있었는데 강아지가 제 아내한테만 자꾸 가는 거예요. 좀 섭섭했죠. 근데 그럴 만하겠더라고요. 맨날 밥 주고 안아 들고 놀아주는 게 제 아내니까. 저는 가끔씩만 보고 그러니까요.

그런데 사람은 오죽하겠어요. 사람들도 얼굴을 마주 대하면 눈에 띄는 느낌이 있어요. 결국 그게 뭐냐. 테크닉으로 되는 건 아니에요. 마음이죠. 아까 제가 말씀드린 선한 마음, 공직자로서의 책임, 이런 걸 아마도 공직을 오래 한 여러분의 선배들은 느낌이 있을 겁니다. 객관적인 데이터는 다 있죠. 시험 성적 이런 건 다 (가지고) 있는 거죠. 점점 (시간이) 지나고 나면 마인드, 무슨 생각을 (가지고 있고 일에) 열성을 다할 사람인가를 더 보게 됩니다. 도움은 전혀 안 됐겠지만 이걸로 답을 대신하겠습니다.

국민들이 반대하는 정책은 어떻게 해야 할까?

질문4 제가 만약 옳다고 생각하는 정책이 있는데, 국민들이 반대하는 경우가 앞으로도 많을 거라고 생각합니다. 그런 경우에 제가 잘못 생각했구나 하고 굽혀야 될지 아니면 패기를 가지고 밀어붙여야 될지 고민할 경우가 많을 것 같은데, 대통령님께서 지금까지 겪어 오신 여러 공직의 경험을 통해서 저희가 타산지석 삼을 수 있도록 경험을 공유해주시면 감사하겠습니다.

정말 중요한 질문이죠. 앞으로 많이 맞닥뜨리게 될 일일 겁니다. 저도 수없이 맞닥뜨리고 있는 일이기도 하죠. 그런데 저는 집단지성에 대한 신뢰가 높은 사람이에요. 모르는 것 같지만, 안 보고 안 듣는 것 같지만, 국민들은 다 보고 듣고 있죠. 물론 정보의 왜곡 때문에 일시적으로 판단을 달리할 경우도 있습니다. 시간은 걸리겠지만 결국은 다 제자리로 간다고 믿고, 갈 거라고 생각합니다.

내가 생각하기에는 좋은 정책인데 국민들이, 아니면 구성원 다수가 반대한다고 하면 다시 한번 자신을 되돌아보는 게 더 빠르지 않을까 싶어요. 물론 여기에 의견 차이가 있을 수 있습니다. 신념의 차이, 또 추구하는 가치와 이상의 차이 때문에 똑같은 것도 다르게 보일 수 있어요. 인간은 완벽한 존재가 아니잖아요.

여러분들이 동전을 볼 때 위에서 보면 동그란데 옆에서 보면 일자죠. 그래서 옆에서만 본 사람들은 분명히 (동전이) 일자라고 얘기해요. 그런데 나는 위에서밖에 안 봐서 동그랗게 보이는데 남들은 다를 수 있죠. 이럴 때 중요한 게 가능성을 인정해주는 것 같아요. 내가 잘못 봤나? 내 판단이 혹시 부족한가? 정말 다시 한번 철저하게 점검해보고, 또 그들의 이야기를 들어보고 (하는 겁니다.) 제가 토론을 중시하는 이유가 여기 있어요. 얘기를 들어보면, '아 그렇구나' 하는 게 꽤 많습니다. 왜 똑같은 현상을 놓고 다르게 볼까? 이해관계가 충돌할 때는 어쩔 수 없어요. 그때는 결판을 내고 싸울 일이죠. 이해관계가 다르다. 그런데 객관적인 판단, 객관적인 데이터, 객관적인 사실에 대한 의견이 다르다, 이거는 누군가가 잘못 보고 있다는 뜻이에요. 그런데 그게 반드시 나는 잘 보고 상대는 잘못 봤다고 확신할 수 없죠.

그런데 내가 보는 건 언제나 옳아, 이러면 피곤한 사람 되는 거예요. 나중에 왕따 되는 거죠. 그런데 나도 틀릴 수 있다, 내가 일면밖에 못 봤을 수도 있겠다 싶으면, 그럼 당신은 뭘 봤냐고 얘기를 해보고, 내가 봤더니 이렇던데, 아 그렇구나, 이게 납작하면서 동그란 거구나, 라고 하면 다 해결할 수 있죠.

저는 의견이 다르면 토론을 해봐야 된다고 생각해요. 토론을 해서 객관적인 사실이 드러났음에도 다른 얘기를 한다? 그때는 싸워야지. 또 내가 만약에 객관적인 사실과 다르게 인식을 가지고 있다, 그럼 내가 고쳐야죠. 저는 별로 어려운 일은 아니라고 생각해요.

그런데 세상은, 특히 정치나 권력의 영역에서는 이런 일이 자주 발생합니다. 사실은 이게 동그란 걸 알면서도 나한테 일자인 게 유익하면 "일자야!"라고 주장하죠. 그런 게 정무적 영역에서는 많아요. 정책이라고 하는 것도 마찬가지죠. 정책이라고 하는 것, 여러분은 어떻게 생각하세요? 만인이 동의하는 건 정책이라고 하지 않아요. 그건 진실 또는 진리라고 말하죠. 정책이란 기본적으로 의견이 다른 거예요. 그래서 '정책'이라고 해요. 다른 게 너무 당연한 거예요. 조정해야죠. 오해가 있다면 이해를 통해서 오해를 거둬내면 (의견차의) 상당한 정도를 붙일 수 있죠. 그런데 어느 정도부터 더 이상 안 붙어요. 그때부터는 이해관계죠. 아니면 오해죠. 오해는 끊임없이 제거하기 위해서 노력해야죠. 그건 토론을 통해서 해결할 수 있어요. 당사자가 우기면, 제3자가 보게 하면 해결이 돼요.

계곡 정비를 할 때 제게 많은 사람들이 '오, 그거 어떻게 했지?' 이렇게 생각하는데, 그 사람들은 불법인 걸 알고도 수십억 또는 수억씩 권리금 주고 들어온 사람들이에요. 왜냐하면 지금까지 단속을 안 했으니까. (이 사람들도) 자기가 하는 게 불법이란 걸 다 알고 있어요. 그런데 해방 이후에 여태까지 한 번도 단속 안 했는데, 그냥 벌금이나 내고 다 묵인했는데, "왜 이재명 도지사 당신만 나와서 굳이 하려고 그래"라는 겁니다. 그런데 이거는 이해관계 충돌의 측면이 강하죠.

제가 이때 쓰는 방법이 있죠. 만인이 보는 가운데 대놓고 얘기해보자. 그래서 영상 다 찍어가면서 유튜브 방송 중계하면서 얘기를 하면, 사람이 기본적인 양심이라고 하는 게 있어요. 그래서 그 양심에 어긋나는 얘기를 차마 남들이 볼 때는 하기가 어렵습니다. 그래서 정리가 되죠. 정리가 되고 남는 건 이해관계죠. '나는 억울하다. 왜 나만, 하필이면 이때, 내가 팔고 나간 다음에 하지' 그렇게 볼 수 있죠. 그건 운에 관한 거니까 조정을 해줘야죠. 그 사람들도 일면은 피해자니까.

조정은 어떻게 해요? 모두가 보게 될 혜택, 계곡을 정비하면 수백만 명의 사람들이 돈 안 내고 (계곡에) 가서 행복하게 기분 나쁘지 않게 아이들 손잡고 들어가서 놀 수 있잖아요. 그럼 이해관계를 조정하자. 닭죽을 팔지 말고 깨끗하게 커피를 팔자, 음료를 팔자. 그게 고생도 안 하고 소득 이익률이 더 높다. 대신 지원해줄게. 싹 우리가 다 정리해줄게. 가장 자연 친화적으로 계단도 만들어주고, 판매소 만들 때 돈도 지원해주거나 빌려주고, 주차장도 만들어 주고, 농산물 판매소도 만들어 줄게. 매년 봄, 여름, 가을, 겨울 축제 같은 걸 해봐라. 축제 비용도 지원해줄게, 계곡 관리하는 사람들도 지원해줄게. 그리고 동네 청소 깨끗이 해야 되니 일자리 사업으로 몇 명 고용해줄 테니까 동네 사람들 먹고 사세요. 이러면 이해관계 조정이 되잖아요. 세금은 들지만 국민들이 혜택을 보는 거죠.

백운계곡 같은 데 가면 맨날 시뻘건 비닐로 덮어놔 들어가 보지도 못하고, 갈 데도 없고, 이런 걸 조정해내는 거죠. 그러면 이해관계가 많이 조정돼서 입장차가 좁혀지겠죠. 그래도 안 되면 어떻게 할까요? 그때는 결단을 해야죠. 결단할 힘을 국민이 여러분께 준 겁니다. 그게 권력이죠. 그런 데 쓰라고 준 거예요. 대신에 그 권력을, 힘을 이렇게 '보이도록 숨기고' 있죠. '보이도록 숨기고 있'단 말이에요. 그러면 그 걸 (보고 사람들이) 각오하죠. 그래서 조정을 해내는 겁니다. 마지막은 결국 공직자의 결단이에요.

모두에게 칭찬받는 일은 없어요. 정책이기 때문이죠. 우리는 진리를 말하는 종교인이 아니에요. 사회운동가가 아니에요. 착한 일을 하는 자선사업가가 아니에요. 조정할 권한을 우리가 국민에게 받았기 때문에 그걸 담보로 최대한 오해를 줄이고 이해시키고 조정하고, 안 되면 마지막에는 칼로 자르듯이 권력을 행사해야죠. 여러분 손에 그 권력이 들려 있는 겁니다. 앞으로 잘 활용하시기 바랍니다.

성남의 자랑 고속도로 덮개 공원, 부하 공직자들을 대할 때 취했던 자세

질문5 대통령님께서 성남시장 2기로 재직하실 적에 저는 당시 서영고등학교 1학년 학생으로 대강당에서 질문을 드렸어요. 그때 제가 분당-수서간 고속화도로 덮개 공원이 착공 지연이 되는 사유를 여쭤봤는데 친절하게 대답해주셨던 기억이 새록새록 합니다. 질문을 본격적으로 드리면, 성남시장, 경기도지사로 재직을 하실 때 많은 부하 공직자들을 데리고 계시지 않았습니까? 저희 같은 경우에도 부처에 갔을 때 다른 동료 사무관님들, 주무관님들과 함께 협업을 하게 될 것 같습니다. 이때 부하 공직자들을 대할 때 취하셨던 자세, 그리고 그 생활에서 얻으셨던 경험에서 어떤 교훈을 얻으셨는지, 그것에 대해서 질문을 드리고 싶습니다.

분당-수서 간 고속화도로는 지상 공원화가 완료가 돼서 잘 사용하고 있군요. 제가 이 얘기도 자랑삼아 한번 해야 되는데, 이게 사연이 많은 사업이었어요. 제가 공직자로서 자랑하는 사업 중 하나가 사실 이 사업이었습니다. 여러분도 경험상, 나중에 혹시 필요할지 모르니까 자랑스럽게 말씀드리면 성남에 분당과 수서 간에 고속화도로가 있어요. 당연히 지상도로죠. 아마 8차선쯤 될 텐데 교통량이 엄청나죠. 용인, 남쪽에서 전부 서울로 가는 길이니까요. 그런데 어느 날부턴가 거기 지하를 파서 도로로 만들고, 위에는 공원을 만들겠다는 정치권 이야기가 시작됐습니다.

그런데 그게 기본적으로 돈이 한 3,000억이 넘게 드는데다가, 문제는 공사를 한 3, 4년 해야 되는데 그사이에 그 도로를 차단하면 경기 동남부 지역의 교통이 완전히 봉쇄가 되어버려요. 완전 난리가 나는 거죠. 그거 어떻게 감당하냐,

사실상 불가능한 일이다. 이렇게 결론이 난 건데 이 정치인들이 또 가만히 있습니까? 해당 지역 주민들이야 그건 다음 일이고, 일단 공원화하면 집값 오르고 주거 환경 좋아지니까 하자. 그리고 표가 되니까 모든 정치인이 하겠다고 공약하는 거예요. 뭐 십 몇 년 됐죠. 저는 첫 시장 출마 때는 거짓말인 줄 알았기 때문에 공약을 안 했어요. 물론 떨어졌죠. 그런데 그것 때문에 떨어진 건 아니에요. 30% 정도밖에 (표를) 못 얻었으니까, (민주당 후보) 모두가 (선거에서) 전멸할 때 떨어졌으니까. 그런데 제가 2010년 선거에 나갈 때는 당선 가능성이 꽤 높았은데, 혹시 이것 때문에 떨어지면 어떡하나 해서 제가 마음에도 없는, 알면서 한 거짓말인 공약을 그때 한 번 해봤습니다. 다른 모두가 하니까, 모든 국회의원, 시장 출마자 전부 하는데 이재명만 독야청청 안 한다고 했다가 혹시 떨어지면 여전히 거짓말은 계속될 텐데, 또 하고 싶은 일은 많고, 그래서 제가 할 수 없이 거짓말인 줄 알면서 지킬 수 없을 걸 알면서 그걸 공약했습니다. 제가 사과를 했어요. 시장이 된 다음에 "죄송합니다. 이건 지킬 수 없는 공약입니다. 정치하면서 처음으로 거짓말을 해봤는데 자백합니다." SBS 방송에 인터뷰를 했어요.

그러고 난 다음에 동네 주민들 사이에서 아이디어를 하

나 낸 거예요. 그렇게 하지 말고 위를 덮자. 다행히 단차가 있습니다. 아파트 단지보다 도로가 좀 낮아요. 살짝 올려가지고 그냥 도로는 통행시키고 위를 덮자. 돈도 1,500억밖에 안 든다. 주민들이 낸 아이디어예요. 제가 앗, 반짝 해가지고, 실제로 그렇게 해서 위를 덮기로 하고, 공사를 해서 지금은 위가 공원화가 되어 있습니다. 물론 지하로 한 것보다는 좀 부족하죠. 그걸 잘 쓰고 있다니까 정말 다행이고.

제가 이 말씀을 드리는 이유는, 집단지성의 위대함이에요. 공직자들과 설계하는 전문가들은 아무도 그 생각을 못했어요. 오로지 그냥 땅 밑을 파면 돈이 얼마나 들고, 교통을 어떻게 분산시키고, 얼마나 걸리고, 이것에만 머무르다 결국 하다하다 또 안 된다, 이렇게 되는 거죠. 그런데 결국은 어느 날 주민들 중에 누군가가, 제가 그 사람 이름도 대충 기억하는데, 안을 낸 거예요. 진짜 조사를 해보니까 가능했던 거죠. 그래서 국민들 의견들을 현장에서 많이 들으면 하늘이 무너져도 솟아날 구멍이 생길 수도 있더라. 그 얘기를 자랑삼아 한번 합니다.

부하들에 대한 자세, '부하'라고 하면 기본적으로 무시하는 마음이 들 수 있어요. 내가 부하를 무시하면 나도 상사한테 무시당할 수 있죠. 그런 사람이 있어요. 위를 존중하되 굴욕적이지 않고 아랫사람을 대하되 비하하거나 하대하지 않고 존중하면 나도 존중받습니다. 그리고 사실 힘은 거기서 나와요. 저는 어떤 회의를 할 때 가능하면 간부만 오게 하지 않아요. 국장한테 보고를 받으면 국장이 솔직히 뭘 알아요. 제가 물어보면 몰라요. 슬쩍 거짓말해요. 거의 그렇습니다. "대충", "되게"라고 답하면 제가 혼내죠. "거의라니, 그럴 겁니다라니." 제가 국무회의에서도 뭐라고 한번 그랬는데 "그런 얘기하지 마라. 모르면 모른다고 해라." 어떻게 장관이 또는 국장이 다 알아요? 저는 모르는 게 당연하니까 물어본 건데 모르면 무슨 큰 난리나 나는 것처럼 슬쩍 거짓말을 해요. 그렇게 하지 말고 모르는 거 너무 당연하다. 대신에 모르면 모른다고 하고 다음에 알아서 알려주는 게 그게 행정이 똑바로 되는 거지, 대충 때우고 나중에 수습하고 그러면 안 된다. 왜? 개인 사업이 아닌 공무니까. 개인 사업도 그렇게 하면 망하죠.

대신에 저는 부하 직원들 다 오라고 해요. 국장이 잘 모르겠으면, 자신 없으면 과장 다 데리고 오고, 팀장도 데리고 와라. 팀장도 100% 모르겠으면 실무자 데리고 와라. 기안한 실무자가 뒷줄에 앉아 있다가 모르면 얘기해주면 되지. 뭐라고 아는 척합니까? 그건 모르는 게 너무 당연한 거예요.

어떻게 국정을 다 알겠어요. 어떻게 국장이 온갖 과에 있는, 온갖 팀에 있는 그 모든 자세한 일을 알겠어요? 모르는 게 너무 당연하지. 아는 척할 필요 없다. 그래서 그걸 존중해주는 거죠.

그리고 일선의 실무자가 제일 중요하잖아요, 사실 여러분, 그런 얘기가 있어요. 대한민국에서 제일 힘센 기관이 검찰청이라고 보통 얘기를 하는데, 검찰청에 가면 제일 무서운 사람이 누군지 아세요? 진실인지 아닌지 모르지만 그냥 하는 얘기니까, 상징적인 예니까, 이거 가지고 꼬투리 안 잡으면 좋겠어요. 수위예요. 옛날 말로 수위. 진짜 무서워요. 거기 입구를 지키고 있는데, 그 사람들이 결국은 이미지를 결정하죠. 어느 건물에 대기업이 있는데 그 앞에 지키는 경비원, 그 경비원의 태도를 보고 그 기업의 이미지가 확 결정나버리죠.

더군다나 국민들은 어떤 정책을 접해도 간부부터 접하지 않아요. 실무자부터 접촉하죠. 실무자의 표정, 태도 이게 모든 이미지를 결정해버리죠. 그래서 이 실무자가 정말 중요해요. 실무자라고 해서 똑같은 사람인데 계급이 높은지 낮은지 뭐 상관있어요? 똑같이 가정에서 존중받는 가장일 것이고, 똑같은 대한민국의 주권자죠. 그런데 계급이 높고 낮은 게 무엇이 중요합니까? 우리 여기 같이 온 참모들도 가끔씩 듣는 얘긴데, 어디 가서 자리 놓고 막 서로 양보하고, 막 밀고, 아 여기 앉으세요, 그런 거 하지 마라.

제 목표 중에 하나는 의자의 계급을 없애는 거예요. 아무 데나 편하게 앉으면 되지. 그것도 하나의 조직 문화죠. 사람이 귀하다. 계급의 높고 낮은 게 뭐 그리 중요하냐. 역할 분담이니까. 직급이 높은 사람은 높은 사람이 아니라 역할이 넓은 거죠. 똑같은 국민의 대리인, 국민으로부터 위임받은 종복이다, 그렇게 생각하면 부하들한테 인기도 좀 얻을 수 있지 않을까? 아까도 얘기했죠? 부하든 상사든 사람, 강아지도 다른 사람이 뭐 마음을 갖고 있는지를 다 아는데 사람이 모르겠어요. 결국 마음을 느낌으로 읽죠. 잘 해주면 잘 대접받을 수 있습니다. 앞으로 행복한 공직 생활 되길 바랍니다. 축하드립니다.

국민주권시대, 공직자의 길
— 국민을 향해 한걸음 더[*]

제가 공무원 인재개발원 신임 사무관들 교육과정에 갔을 때 열정을 느꼈는데, 오늘도 약간 그런 게 느껴집니다. 제가 여러분들을 따로따로 보면 좋은데 도저히 시간상 불가능해서, 드리고 싶은 말씀이 있어서, 한번 모이자고 했습니다. 너무 뻔한 얘기라서 여러분들 잘 아실 테고, 또 이 자리에까지 오신 건 어쨌든 많은 성과도 내고 평가도 잘 받은 결과가 아니겠습니까? 그게 국민으로부터 평가받은 것이든 인사권자로부터 평가받은 것이든 다른 사람보다는 훨씬 높은 평가를 받아서 이 자리에 계신 것이기 때문에, 제가 지금부터 드리는 말씀이 그렇게 가슴에 와닿지 않을 수도 있긴 합니다.

[*] 이 글은 2025년 7월 31일 서울시 종로구 정부서울청사에서 열린 장차관 워크숍 특강 내용을 정리한 것이다. 이재명 대통령의 말을 최대한 그대로 실었다.

요즘은 일주일 단위로 시간이 가는 것 같아요. 제가 당대표 할 때도 그런 느낌을 받을 때가 있었는데 지금도 거의 비슷합니다. 시간은 제한되어 있지만 일을 두 배로 하면 시간이 두 배로 늘어나는 것과 같다, 그런 생각을 합니다.

주변에서 걱정하시는 것처럼 "참 좋은 대통령이긴 한데 아주 악질적 상사일 가능성이 많다", "걱정된다", 이런 얘기들도 꽤 많이 듣고 있긴 합니다. 여러분께서도 국민에게는 칭찬받되 부하들한테는 원망은 듣지 않는 선에서, 악질적이지는 않은 범위 내에서, 최대한 많은 성과를 내주시길 진심으로 부탁드립니다.

공직자의 착각, 특권의식

우리가 가끔 착각하는 게 있어요. 실제로 그런 착각이 몇몇 소수에게는 아주 일상적이기도 합니다. 그리고 그게 엄청난 사고를 불러오기도 하죠. 내가 가진 권력 또는 권한이라고 하는 게 '내 거다' 이렇게 생각하는 거예요. 그리고 내가 행사하는 권한의 수혜자 또는 수요자, 수급자라고 하는 게 맞을지 모르겠어요. 마치 내가 위에 있고 내가 내려주는 시혜를 베푸는 것 같은 그런 느낌을 가지는 경우가 종종 있어요.

그런데 실제로 그렇게 될 가능성이 많습니다. 맨날 주는 행동을 하다 보니까 내 것 같죠.

받는 쪽에서도 보면 주는, 숨겨져 있는, 잘 보이지 않는 직급의 주체보다는 주는 손, 눈에 보이는 손이 귀하게 느껴지죠. 그러다 보니 서로 그런 생각을 하게 됩니다. '아, 내가 높은 사람이구나', '아 내가 저들과는 좀 다른 사람이구나' 하는 일종의 특권의식, 나쁘게 얘기하면 지배자적 사고, 그런 것들을 하게 되죠. '내가 통치하고 있다', '지배하고 있다', 이런 생각을 하게 됩니다. 그게 저는 근본적으로 정말 심각한 문제를 불러온다고 생각해요.

우리는 우리 국민들과 합의한 게 있죠. 이 나라의 주인은 국민이고, 모든 권력은 국민으로부터 나오고, 우리가 쓰는 모든 예산은 국민들이 낸 세금이죠. 우리 국민들이 일상에서 정말 치열하게, 어쩌면 목숨까지 바쳐가면서 열심히 일해서 얻은 수익 중에 일부를 원하든 원치 않든 강제로 떼어서 만든 재원 아닙니까? 그리고 그 모든 예산과 권한은 오로지 그 주체인 국민을 위해서 쓰라고 헌법에도 써놓고, 법에도 써놓고, 온갖 지침, 방침, 지시 사항으로도 다 써놨는데도 실제로는 그렇지 않는 경우들이 꽤 있죠. 어느 순간에 '이게 내 거니까 뭐 내 마음대로' 이런 생각을 하게 되면 권한을 남용하거나, 예산을 낭비하거나, 아니면 좀 더 한 발짝 나가 부정부패를 하게 되거나, 이렇게 되죠. 그게 대한민국 국가 공동체에도 큰 손실을 주겠죠.

은폐하기 어려운 공무원의 부정부패

제 경험으로 보면 그거(부정부패) 은폐가 잘 안 됩니다. 소문이 다 나요. 저도 이제 한 십 몇 년 공직, 권한을 행사하는 직위에 있다 보니까, 지휘하는 사람들의 심리라고 하는 걸 조금은 이해하게 됐는데, 그런 것 같더라고요. 이게 "야 이거 비밀이야. 절대로 남한테 얘기하면 안 돼. 부인도 모르게 해야 돼"라는 꼬리를 붙여가지고 온 돈이 다 퍼져 있어요. 제가 어디서 인사를 해보니까 공직자들이 몰래 모여서 했을 텐데, 그걸 어떻게 그렇게들 잘 압니까. 제가 성남시장이 됐을 때 사무관, 국장들 모아서 첫 상견례를 했는데, 거의 대부분이 제 눈을 못 마주쳐요. 저는 '이 공무원들 모아서 이제 열심히 뭘 해봐야지' 이런 생각을 했는데, 전부 다 눈을 못 맞춰요. 눈을 피해요. 그리고 몰래 사표 들고 오더라고요.

나중에 알게 됐는데, 물론 그전에도 소문이 있었지만, 승진하는 데 일종의 공정가격을 매겨서 몇 급은 삼천(만 원),

몇 급은 오천(만 원), 몇 급은 팔천(만 원) 정해놓고 그 금액 이상을 가장 안전한 루트로 가장 빨리 지급하는 사람이 승진했다고 그래요. 그런데 이 행동을 정말 극도로 보안을 유지하면서 했을 거 아닙니까? (들키면) 다 감옥 가니까. 그런데 그걸 공무원들이 다 알고 있더라고요.

사람은 자기가 아는 만큼 상대도 안다고 생각하잖아요. 자기가 모르면 상대도 모를 거라고 생각하고요. 자기들도 다 아니까 너도 알고 있을 거다, 라고 생각을 하니까 불안한 거죠. 이 사람들 일을 시켜보니까 일하는 습관이 몸에 안 배어가지고 딴 생각만 하는 게 눈에 띄어요.

직업 공무원들의 영혼은 국민의 주권 의지여야

공직자들, 특히 직업 공무원들의 최고 목표는 승진 아닙니까? 그리고 승진 전 단계, 소위 영전, 좋은 자리로 가는 것이죠. 공무원들에 대해 우리 일반 사회에서 해바라기다, 영혼이 없다, 이렇게 얘기하는 것에 대해서, 저는 그걸 비난조로 얘기하는 것에 동의하지 않습니다.

직업 공무원들의 영혼은 국민의 주권의지이지 자기 생각

이어서는 안 되는 거예요. 여러분도 그렇게 훈련받고 교육받았잖아요. 그게 의무죠. 직업 공무원이 자기의 주체적 의지를 가지고 대통령이 누가 되든지 국민이 어떤 선택하든 관계없이 내 마음대로 하겠다, 그렇게 하면 안 되죠. 그래서 원래는 그 의지, 사고를 채워주는 것은 국민의 뜻이어야 됩니다.

국민의 의지. 그런데 여하튼 공직자들은 국민들이 선택한, 예를 들면 첫 번째로는 대통령, 두 번째로는 거기서(대통령)부터 위임받은 여러 가지 있죠. 그다음 재위임받은, 갈수록 한 칸씩 멀어지지 않습니까. 가까울수록 정당성이 높죠. 가까울수록 거기에 따라야 되는 거예요. 국민의 뜻이 동쪽에 있으면 동쪽을 당연히 바라봐야죠. 그게 서쪽으로 옮기면 당연히 서쪽을 바라봐야죠. 그걸 해바라기라고 영혼이 없다고 비난할 게 아니라, 그건 당연한 것이죠. 그런데 그러면서도 공직자들이 자기 이해라고 하는 게 없을 수 없잖아요. 물론 그중에 가끔씩 '나 돈 벌어야지' 이런 사람이 있는데, 패가망신할 가능성이 매우 높죠. 그런 사람은 오래 못 가요.

상사하기에 따라 달라지는
공직 사회 문화

공직자들은 자기 목표라고 하는 게 분명히 있기 때문에 그 목표에 부합하는 것을 찾게 마련이죠. 결국은 인사권자 또는 그걸 평가하는 상사, 이 사람이 술을 좋아하는구나, 그러면 어떻게든 술을 사주려고 그러죠. 저 사람이 돈을 좋아하는구나, 그러면 부담스럽지만 할 수 없죠. 저 사람이 성과를 내는 걸 좋아하는구나, 라고 확신이 들면 성과를 내기 위해서 최선을 다하죠. 그런데 이게 꼭 그렇게 말하지 않아도 알죠. 강아지도 지나가다 사람을 보고 저 사람이 나를 좋아하나 싫어하나를 알지 않습니까? 싫어하는 사람 같으면 왈왈 짖고 무서운 사람 같으면 '깨갱'하죠.

그런데 사람은 어떻겠어요? 여러분도 처음 딱 보면 저 사람이 날 좋아하고 싫어하는 걸 대충 알잖아요. 저 사람이 무슨 생각을 하고 있는지를 일상적으로 접하는데 모를 리가 없습니다. '아, 이 사람은 이걸 좋아하는구나.'

제 경험으로 변하는 속도는, 시간과 속도는 좀 차이가 있어요 성남시 공무원들이 바뀌는 데 한 2년쯤 걸린 것 같더라고요. (처음엔) 안 믿어요. 예를 들면 인사를 우리는 이런 기준에 의해서 한다고 공표를 하지만 '저거 그냥 듣기 좋으라고 하는 소리지. 저 사람이 진짜 뭘 좋아하나' 하며 안 믿죠. 그런데 인사를 한 서너 번 하니까 방향이 쫙 잡혀서 한 2년 지나니까 진짜 성과가 나더라고요.

그래서 성남시 공무원들이 너무 열심히 일하니까 남들이 의심하기 시작했어요. 성남시의 이익을 위해서 공익적으로 너무 열심히 하니까 어딘가에서 '저거 분명히 시장이 사적인 목적이 있어서 시킨 거지, 공무원이 저렇게 열심히 일할 리가 없다', '공무원이 왜 저런 짓을 하느냐' 하는 확신을 가지고 있어요. 근데 성남시 공무원들은 법률의 범위 내에서 진짜 열심히 했거든요. 어쨌든 그렇게 변하더라. 저는 이게 조직이 크든 작든 똑같다고 생각해요.

대통령의 인사권자는 국민

저의 인사권자는 국민이죠. 물론 기회가 한 번밖에 없지만 그 후의 평가도 또 있지 않습니까. 공직을 하면서 제가 바라는 건 다 그런 거죠. 제가 이 공적 활동을 마치고 야인으로 돌아갔을 때, 보통 지나가는 공직자를 보면 뒤에서 수근수근 이러면서 흉보죠. 그런데 그게 아니고 온 동네 사람들과 반갑게 함께 세월을 보낼 수 있다면 그것처럼 행복한 일이 어디 있겠어요. 제 목표는 그거예요. 그런 단계로 갈 수 있냐 없냐는 제가 하기 나름이겠죠.

공직 사회도 공무원들이 본질적으로 바라는 걸 잘 만들어 제시해야 되는데, 저는 여러분들한테도 그 말씀을 꼭 드리고 싶습니다. 여러분도 부하들한테 여러분이 가지고 있는 생각을 잘 정리해서 보여주시면, 굳이 세게 하지 않아도 잘 따를 겁니다.

제가 부탁드리고 싶은 것은 여러분들은 공직을 대체적으로 오래 하시니까 모르겠지만 특히 선출직은 시간이 짧잖아요. 인생도 짧은데 임기는 더 짧고, 그리고 그 안에서 뭔가 성과를 내서 인정받고 싶고, 정치인들은 인정 욕구가 사실 제일 커요. 물론 권력욕도 있지만, 권력욕의 본질은 인정 욕구일 겁니다. 그래서 인정받고 싶은 것, 여러분 승진하는 거, 더 나은 위치를 차지하는 것, 이런 것일 텐데, 저는 결과로 그걸 증명하고 싶습니다. 실적으로!

공직자 인사에서 중요한 기준 세 가지

여러분도 인사에 관심이 많을 수 있기 때문에 제가 그 인사에 관한 얘기를 잠깐 드리면 저는 대체적으로 한 세 가지 정도가 중요하다. 방향, 자세, 기본 마인드 이런 거죠. 공직자란 뭐냐. 공직자는 국민을 위한 봉사자라고 헌법에 써놨죠. 너무 당연한 얘기이기도 한데, 너무 당연하니까 잊어버리죠. 공직을 왜 하냐. 저는 방향과 자세가 정말로 중요하다고 생각합니다.

제일 중요한 것은, 보통 우리가 자질, 성실성, 능력 이런 걸 얘기하잖아요. 그런데 저는 이 중에서 방향성, 자질, 자세가 제일 중요하다고 생각합니다. 예를 들면 그런 거죠. 아무리 기능이 뛰어나고, 역량이 뛰어나면 뭐하겠어요? 반대 방향으로 뛰면? 소용이 없죠. 그래서 해야 될 일, 방향에 맞춰서 잘 가는 것, 이 방향이 제일 중요하다. 국가와 국민에 대한 충직함, 우리 본래의 직무에 대한 충직함, 이런 게 저는 제일 중요하다고 생각합니다. 마음의 자세, 이건 그리 어렵지 않죠. 그렇지만 꼭 쉬운 것만도 아닙니다. 사람인데 사욕, 물욕 많을 수밖에 없거든요.

두 번째는 성실함이죠. 진지하게 성실하게 할 수 있는 최선을 다하는 것. 그런데 역량은 뛰어난데 열심히 안 하면 뭐 하겠어요. 또 엉뚱한 데 그 역량을 쓰면 오히려 나라에 해가 되겠죠. 그래서 성실함이 중요하다.

세 번째가 기능적 역량이죠. 테크닉. 그런데 이 세 가지를 다 갖추면 거의 완벽한 공직자라고 할 수 있겠습니다.

저는 그런 사람을 찾기 위해서 참 많이 노력하죠. 여러분도 부하들 인사를 하실 때 잘 찾아주시기 바랍니다. 이 세 가지를 잘 갖춰서 지휘를 잘하면 세상이 많이 바뀔 것 같아요.

똑같은 조선을 다르게 만든 것

제가 선거 때 이런 얘기를 자주 했는데, 저는 실제로 그렇게 생각합니다. 똑같은 조선인데 선조 때는 백성들 수백만 명이 죽음에 내몰렸고, 정조는 똑같은 조선인데 동아시아 최대의 부흥을 이끌어냈다. 조건은 별로 변한 게 없어요. 그중에 예를 들면 정조가 한 일 중에 여러 가지가 있지만, 노비도 실력이 있으면 쓴다, 부정부패를 없앤다, 내가 최종 책임자이기 때문에 나도 열심히 공부한다, 죽을 때까지 공부한다, 끊임없이 연구하고 좋은 사람 찾기 위해 노력하고, 신상필벌 제대로 하고.

문제는 관리가 잘 안되잖아요. 한양 도성에 있으면 저기 전남 강진 사또가 뭔 짓을 하는지 알기가 어렵잖아요. 그래서 이 사또가 그야말로 사또 짓을 하지 않습니까? 그런데 이

걸 이 사람(정조)이 확실하게 막는 방법을 개발한 거예요. 징을 하나 들고 다니면서 억울한 백성은 와서 징을 쳐라 한 거죠. 어떤 백성이 진짜 와서 징을 치는 날은 그 고을 사토가 경을 치는 날이죠.

이걸 (징을) (손에) 들려서 1년에 한 번씩 한 열흘 화성까지 왔다 갔다 하니까, 징을 친 사람이 몇 명이나 됐는지 잘 모르겠지만, 그 존재 자체만 가지고 전국의 관리, 아전들이 무서워서 어디 탐악질을 할 수 있겠습니까. 경계 효과가 확실한 거죠. 저는 그래서 그 조선시대, 정조 시대가 정말 어려운 상황이지만 조선의 부흥을 만들어냈다 생각합니다.

저는 공직자 한 명 한 명이 똑같다고 생각해요. 공직 또는 정치 영역에, 우리 정치인들 여기 몇 분 계신데, 정치인이나 공직자랑 비슷한데, 일을 하자면 끝이 없고, 안 하자면 거의 안 해도 됩니다. 그게 공직이거든요. 정말 하자면 끝이 없어요. 아마 여러분 죽을 때까지 다 못 끝낼걸요.

민원이 전국으로 따지면 한 이삼천만 건 되지 않을까 싶은데, 그거 하나씩 다 해결하기가 보통 일이 아니죠. 끝이 없어요. 거의 무한하죠. 그런데 안 하자고 하면 너무 많기 때문에 하나 안 하나 비슷하다고 생각되죠. 평균적으로 따지면 안 해도 별로 표시가 안 나요. 누구 말마따나 쇼나 좀 하고,

131

힘센 사람한테 선 좀 대놓고, 어디 영향력 있는 데서 홍보 좀 잘하고 하면 별로 차이가 없죠. 그런데 하느냐 안 하냐에 따라서 끝없는 일을 열심히 한번 해치워보겠다고 하는 공직자가 있는 조직하고, 어차피 하나 안 하나 똑같은데 술이나 한잔하고 친구나 사귀면서 즐겁게 인생 한번 살아보자, 누려보자, 놀아보자, 이렇게 하는 경우, 세상은 정조대 조선과 선조대 조선처럼 정말 천양지차가 되죠.

결정 하나에 걸려 있는
수많은 사람의 인생

저는 지금 대한민국도 다르지 않다고 생각합니다. 기업들도 보면 똑같은 조건에서 똑같은 상품을 똑같은 인력을 가지고 똑같은 조건에서 시작을 하는데, 어딘가는 글로벌 기업으로 성장을 하고, 어딘가는 망해버리죠. 동네 조그마한 구멍가게도 똑같아요. 동네 조그마한 구멍가게를 해도 결국은 경영하는 주인의 마인드, 지나갈 때 걸레 들고 하나씩 닦는 사람하고 시간만 나면 놀러 가는 사람하고 흥망이 결정되죠. 처음에는 차이 별로 안 나요. 미세한 차이죠.

더하기를 해나가는 사람이냐 빼기를 해나가는 사람이

냐 시간이 지나면 축적이 돼서 흥하거나 망하거나 둘 중에 하나로 극단적으로 갈라지지 않습니까? 여러분들은 우리 국민들이 볼 때는 엄청난 고관대작에 해당되지 않습니까? 우리 국민들이나 보통 사람들이 보면 그래요. 엄청나게 높은 사람이고 엄청나게 막강한 영향력을 가진, 정말 쳐다보기도 쉽지 않은 대단한 사람들이죠.

대단한 사람 맞아요. 여러분들 손에 누군가의 목숨이 달려 있는 경우가 많습니다. 여러분들이 이렇게 하냐 저렇게 하냐, 여러분들은 책상에서 고민하다가 보고서 올라오는 거 보고 '에잇!' 하고 그냥 결정해버릴 수도 있지만, 이 하나의 결정에 수없이 많은 사람들의 인생이 걸려 있고, 어떤 사람들은 사업에 흥망이 걸려 있고, 어떤 사람은 가족들 또는 본인의 목숨이 걸려 있습니다.

우리가 민원이라고 하는 것을 참 수없이 많이 접하게 되는데, 접하다 보면 내성이 생기죠. 자리가 높아지고 고위직이 되면 될수록 더 많은 영향력을 가지지만, 더 많은 사람을 접하게 되고, 더 무감각해질 가능성이 높죠. 그런데 공직자는 누구라도, 말단도 마찬가지입니다. 저도 마찬가지죠. 저는 매우 두려운 생각을 가지고 있죠. 예를 들면 판단을 하거나 보고를 받거나 합니다. 나의 이 판단과 결정으로 얼마나 많은 사람이 어떤 영향을 받게 될까. 누군가 내 결정으로 죽을 사람이 살아날 수도 있고, 살 수도 있는 사람이 죽지 않을까.

제가 노동부 장관과 우리 각료 여러분들을 불러서 공개적으로 방송을 켜놓고 "어떻게 사람이 이렇게 일하다 죽을 수 있냐"라고 한마디씩 하면 누군가는 조금은 조심할 거고, 누군가는 '야, 이러다 처벌받는 거 아냐' 하는 사람도 있을 것이고, 어떤 사람은 '돈 벌자고 우리가 이러면 되나, 남의 가정을 파괴하면 되겠냐'라고 생각해서 개과천선하는 사람도 있을 수 있고, 하여튼 선한 변화가 있겠죠. 그러면 1년에 700명씩 죽어가는 사람들, 그 사람들이 600명으로 줄어들면 한 100명 정도는 목숨을 건지는 겁니다. 말 한마디, 행동 하나에.

이것보다 훨씬 더 큰 것도 많죠. 예를 들면 한미통상협상. 사실은 말 안 해서 그렇지, 제가 머리가 빠지고 이빨이 흔들리는데, 가만히 있으니까 진짜 가마니인 줄 알고 말이에요. 말을 하면 악영향을 주니까 말 안 한 거예요. 그러나 말 안 하는 와중에, 오리가 우아한 자태로 있지만 물살에 떠내려가지 않기 위해서 물 밑에서는 얼마나 생난리입니까? 우리 가까이 있는 참모분들은 알죠. 우리가 얼마나 노심초사하면서 어떤 행동을 하고 있는지. 하여튼 그것도 좁게 보면 우리 기업들의 해외 시장에 관한 얘기이기도 하지만, 사실은 대한민국 국민들의 부담일 수도 있고요. 어쨌든 그 결정 하나하나가 엄청난 영향을 미친다.

공직자, 작은 신의 역할을 하는 사람들

저는 지금 대한민국이 흥망의 기로에 서 있지 않나 하는 생각을 할 때가 가끔씩 있습니다. 계속 플러스 성장, 발전의 길을 갈 거냐. 물론 그 각도는 많이 떨어지고 있죠. 아니면 아예 퇴행의 길을 갈 거냐. 이 그래프가 상향할지 하향으로 전환해버릴지 저는 그 분기점에 있다는 생각이 듭니다. 여러분도 매우 중요한 변곡점에 저와 함께 서 계신 거죠. 여러분들 손에 대한민국의 운명이, 크게 보면 대한민국의 역사가 달려 있고, 작게 좁게 보면 누군가의 목숨이 달려 있다.

저는 극단적인 선택을 결심해본 적도 있어서, 그 사람들의 입장을 조금은 이해해요. 가족을 끌어안고 죽는 결정을 하는 그 사람들의 마음이 어떻겠습니까? 지금 이 순간에도 그런 사람 많죠. OECD 국가 중에서 가장 많은 사람들이 스스로 극단적 선택을 하잖아요. 대한민국이 1년에 1만 5,000명씩, 한 개 도시가 사라지고 있어요. 매년 1만 5,000명이면 웬

만한 군 규모가 되거든요. 1년에 작은 군 규모 하나씩 사라지고 있습니다.

그런데 일본이 얼마 전에 자살률을 떨어뜨리기 위해서 정부 차원의 종합적인 대책을 했어야 했거든요. 노력을 했더니 자살률이 절반으로 떨어졌다고 해요. 우리도 사실 그런 걸 할 수 있죠. 바쁘고 힘들기는 하지만 우리의 노력에 따라서 지금 1만 5,000명을 절반으로 자르면 7,000명이 목숨을 건지는 거죠. 그게 다 우리 손에 달려 있다. 그런 생각이 듭니다.

그래서 여러분들은, 우리 공직자는 저는 작은 신의 역할을 하는 사람들이라고 생각해요. 신이 뭡니까? 사람이 못하는 신의 유일한 능력, 제일 큰 능력은 생명을 창조하고 거둔다는 거 아닌가요? 여러분들 하기에 따라서 누군가가 죽을 수도, 죽을 사람이 살 수도 있습니다. 그러니까 여러분은 신의 능력을 손에 쥔 위대한 존재들인 거죠. 부담이 좀 오십니까? 그런 부담도 좀 가지고요. 또 한편으로 좋은 쪽으로 생각하면 우리가 그렇게 보람 있는 일을 할 수 있는 거죠. 우리 손에 쥐어진 소위 권한, 권력으로.

국민에게 위임받은
권력과 권한을 어떻게 쓸 것인가

행정고시를 보려면 법학 개론 이런 것도 공부를 해야 되는데 거기에 그런 거 나오죠. 권한, 권력, 권리 어떻게 구별하냐. 객관식 문제에 나오니까 다 알고 계시죠? 세 개 다 힘이에요, 힘. '권(權).' 그런데 목표가 다르죠. '권리', 내 이익을 챙길 힘. '권한', 힘은 힘인데 한계가 있는 힘, 우리가 가진 공적 힘을 말하죠. '권력', 내 의사를 타인에게 강제시킬 힘, 약간 정치적 의미로 사용되죠.

우리는 그런 걸 가진 사람들이에요. 계급에 따라서 직책에 따라서 약간 차이가 있긴 하지만, 공직자의 공통된 특성은 국민으로부터 위임받은 권력 또는 권한을 크게 또는 작게 나눠 가지고 있다는 겁니다. 여러분들은 대한민국 국가 공동체를 이끌어가는 수뇌, 머리의 '뇌', 핵심에 해당됩니다. 여러분들 하기에 따라서 전혀 다른 세상이 펼쳐질 수 있다, 그런 생각을 해주시기 바랍니다. 너무 살벌한가요? 뻔한 소리인데 원래 자주 듣고 보던 얘기죠. 한 번만 더 상기해보자, 그런 뜻입니다.

일선의 공직자들이야말로
몸통이고 실체

조금 더 현실적인 얘기를 해봐야 될 텐데, 어쨌든 여러분은 저와 싫든 좋든 5년 동안, 아닐 수도 있어요, 하여튼 잠정적으로 5년 동안 대한민국 국정을 함께 책임져야 될 사람들입니다. 하나의 조직 구성원들이죠.

저는 그러려고 합니다. 시스템을 최대한 존중하자. 목표는 물론 이 모든 기준은 국민의 주권의지예요. 그런데 그게 뭐냐? 잘 모르죠. 사람마다 다 다르니까. 더 나은 나라, 더 나은 세상이죠. 지금보다는 더 나은 국민들의 삶. 그 목표를 수행하기 위해서 우리에게 주어진 권력, 예산을 제대로 효율적으로 잘 집행한다, 이게 제가 가진 목표예요.

그리고 지금 이런 평가 저런 평가도 중요한데, 그보다 더 중요한 것은 마지막 결론이죠. 이재명 재임 동안에 내 삶이, 또는 세상이 더 나은 방향으로 바뀌었냐. 결과적 성과! 지금의 평가는 그렇게 중요하지 않아요. 진짜 중요한 건 퇴임하는 그 순간 세상이 어떻게 변해 있을까입니다. 말씀드린 것처럼 저는 여러분이 하기에 따라서 세상은 좋아질 수도 나쁠 수도 있다고 생각합니다.

그리고 저는 제가 비록 국민에게 선택받은, 국민에게 위임받은 대통령이라고 하지만, 제가 할 수 있는 일은 거의 없어요. 다 여러분 또는 여러분들이 다시 또 (일과 권한을) 위임한 공직자들, 공무원들을 통해서 할 수밖에 없습니다. 여러분들은 몸통이고 실체죠. 저는 좋게 말하면 머리, 아니면 사고와 가치 같은 허상에 가까운 거죠. 실체는 여러분들이에요. 공직자들, 일선의 공무원들, 여러분들이 잘해야 됩니다.

인사는 최대한 공정하게, 칭찬은 과하게

여러분들을 어떻게 하면 잘하게 할까? 핵심은 공정한 인사겠죠. 물론 잘 안 믿어요. 믿기 어려워요. 제가 해보니까 진짜로 그렇더라고요. 누가 저 사람이 나보다 훨씬 나아, 저 사람이 나를 제치고 승진하는 게 맞아, 라고 인정하는 것이 쉽지 않습니다. 사람들은 다 자기중심적이거든요.

똑같은 것도 보기에 따라 다르잖아요. 똑같은 동전도 어떤 사람은 일자라 그러고, 어떤 사람은 동그랗다고 해요. 보기에 따라 다르죠. 승진 배수를 4배수 7배수로 해놓으면 거의 비슷비슷해요. 그 안에서 최대로 골라봐야 나머지 세 사람 또는 여섯 사람은 '저거 뭔가 장난치고 있네', '누가 압력 넣은 거 아닐까', '혹시 어디 고향 사람이라고, 아는 사람이라서 그런 거 아닐까', 이런 의심이 들 수밖에 없죠.

그러나 그것도 시간이 지나고 축적이 되면 '그렇게 선택할 수도 있겠네' 하죠. '아주 잘한 선택이야', 이건 잘 안 돼요. '내가 그냥 참고 견딜 만한 정도의 최소한의 합리성을 갖춘 선택을 했다고 인정해줄 만하네', '내가 참을 만하네', 라고 하면 무지하게 잘한 거죠.

그래서 어쨌든 저는 최대한, 이건 차관 인사에도 얘기하긴 했는데, 그 후에 다른 인사에도 철저하게, 마인드가 어떠하냐, 정말 성실하게 일하는가, 기능적 역량을 갖췄나를 살피겠습니다. 물론 그 안에 청렴하게 하는, 부패는 절대 안 돼요. 그건 실격이에요. 권력남용, 안 되죠. 그건 보면 다 알아요.

제가 인사를 하면서 제 나름대로 발굴한 기법이 하나 있는데, 이걸 이 사람한테 물어보면 이렇다 하고, 저 사람한테 물어보면 저렇다 하고, 공적 보고서는 솔직히 잘 못 믿겠고, 역시 최적의 방법은 동료들한테 물어보는 거예요. 동료들한테 개인적으로 물어보면 또 안 돼요. 사람은 묘해서 어떤 지위를 부여하면 책임감이 생겨나요. 자리가 사람을 만든다고 하지 않습니까?

저는 집단지성을 하는 투표를 되게 좋아하는 사람입니다. 예를 들면 건축직 5급을 승진을 시켜야 된다고 할 때 승진 대상자 목록이 쭉 있잖아요. 1부터 10까지 있는데 3명을 승진시켜야 된다, 이러면 승진 대상자가 아닌 같은 직급, 직렬 사람이 쫙 있지 않습니까? 승진 대상자 빼고 (대상자가) 아닌 사람들한테 무기명 투표를 시켜가지고 최다 득표 2명 또는 3명을 뽑은 다음에, 그 사람들한테 종이를 나눠주고 몰래 시장실이나 도지사실에 있을 때 따로 한 명씩 불러가지고 여기다가 당신이 승진시키고 싶은 사람 1번부터 1.5배까지 번호를 매겨라. 1, 2, 3, 4, 5. 그리고 이 중에 절대로 하면 안 된다고 생각되는 사람이 있으면 거꾸로 1, 2, 3, 4, 5 마음대로 매겨라, 이렇게 했더니 놀라운 걸 발견했어요. 거의 차이가 없어요, 거의. 자기들이 다 아는 거예요. 그리고 이게 나 혼자만 하는 게 아니고 다른 동료 두 명 또는 세 명이 평가를 할 텐데 내가 불공정하게 이걸 표시하면 찍힐 수가 있잖아요. 그런데 도저히 납득할 수 없는 순서를 매기는 사람이 가끔 있더라고요. 그것도 권력이라고, 그것도 권한이라고.

그런 생각 때문에 검증되는 공적 권한을 부여하면, 정말 공적 권한을 공정하게 행사하려고 노력하더라고요. 그래서 거의 순서가 틀리지 않더라고요. 관심 있는 분들은 알 수 있는데, 제가 시장, 도지사 할 때 승진 가지고 욕 얻어먹은 적은 별로 없어요. 약간의 불만? 뭐 해먹었다든지, 뭐 어떻게 했다든지, 이런 얘기는 거의 안 들었어요. 왜냐하면 투표로 선출된 의견 제출자 그룹들이 보니까 자기들이 말하는 대로 거의 됐거든요. 사실 거의 차이가 없는 거예요. 그래서 중앙 정부 인사에도 이런 걸 한번 도입해볼까 생각 중입니다. 옆에 있는 사람한테 잘하세요. 옆 사람한테 잘해야 됩니다. 우리 장관님들 다 고민을 한번 해보세요.

인사는 최대한 공정하게 하고, 제가 신상필벌을 좀 과하게 할 생각입니다. 물론 벌을 부당하게 주면 안 되고 상은 좀 과하게 할 생각이에요. 제가 명목을 만들어내서 상을 많이 주려고 노력했어요. 상 주는 데 큰돈은 안 들거든요. 인색할 필요가 없죠. 칭찬은 최대한 많이, 칭찬은 고래도 춤추게 한다. 더군다나 사람인데. 그래서 작은 포상이지만 최대한 종이 하나라도 예쁘게 만들어서 또는 약간의 포상금까지 해서 주죠. 특히 제일 중요한 게 인사죠.

관료제의 폐해에 빠지지 않으려면

고위 공무원이 되면 거의 기본적 자질은 아주 뛰어나요. 보니까 거의 성실함에서 결판이 나오는 것 같아요. 예를 들면 '내가 뭘 해봐야지'라는 생각을 가진 사람하고, '시키는 거 무난하게 잘 때워봐야지', 이거하고 나중에는 차이가 엄청 나게 나는 거죠. 그리고 능동적으로, 적극적으로, 자발적으로 이렇게 행동하는 사람하고 반대로 소극적으로, 정해진 것만 무리 없이, 이렇게 생각하는 사람이 성과를 내는 데서는 진짜 큰 차이가 있습니다. 작은 아이디어, 특히 제가 며칠 전 장관 국무회의에서도 얘기했지만, 고위 공무원이 되면 제일 뛰어난 사람이 맞아요. 제일 많이 알아요. 그런데 옛날 것을 아는 거예요. 최신 트렌드를 몰라요.

가장 최근에 일을 가장 많이 하는 사람은 말단이에요. 근데 이게 지금 조화가 잘 안되면, 소위 관료제의 폐해가 발생하는 거죠. 꼰대 되는 거죠, 꼰대. 분명히 제일 많이 아는 사람 맞아요. 제일 유능한 거 맞아요. 경험도 많으니까. 그런데 문제는 그게 다 과거라는 거죠. 지금 현재, 또는 예측해야 될 미래에 관한 지식, 현실, 이런 것은 고위로 올라갈수록 잘 몰라요.

저는 이런 함정에 안 빠지려고, 남들 들으면 안 되는데, 제가 댓글 열심히 읽어봅니다. 거기에 아이디어 반짝이는 게 많아요. 제가 전화기를 지금 수십 년째 같은 걸 쓰고 있는

데, 제가 대통령이 되면서 바꿔볼까 그러다가 아직은 안 바꾸고 있어요. 그래서 이런저런 메시지가 많이 오죠. 웬만하면 다 읽어봐요. 아마 국무의원님들이 새벽에 제가 문자 보내는 거… 드디어 이제 시작이구나 싶죠. 제가 텔레그램 방을 며칠 전에 만들었는데 지금은 그건 유도 (일도) 아닙니다. 왜냐하면 저는 제 손에 일을 남겨두지 않아요. 쌓이면 잊어버리거나 문제가 되기 때문에 무조건 처리해서 보자마자 보내버립니다. 다른 데다 맡기죠. 그래서 제가 우리 노동부 장관한테도 보내고, 국무의원 방에도 올리고 그랬는데, 하여튼 제가 이 젊은 감각, 현장 감각을 잃어버리지 않기 위해서 정말 시간을 많이 쓰는 편입니다. 그래서 여러분도 부하 공무원들하고 대화를 좀 많이 하세요. 브레인스토밍 같은 것도 가끔 하십시오. 도움 되는 거 많아요. 그리고 앞으로는 그렇게 신선한 현장성 있는, 또 미래지향적인 아이디어 이런 것들을 만들어내지 못하면 옛날 사람 돼버립니다.

세상은 너무 빨리 변해요. 지금은 정말 급변하는 세상이 됐는데, 옛날 생각하고 옛날의 관념, 지식, 경험만 가지고 견디면 그냥 옛날 사람 돼버리죠. 그래서 거기서 벗어나서, 젊게 살면 좋잖아요. (여기 계신 분들) 대개 다 환갑 되어가는 거죠? 젊게 사는 한 방법이기도 합니다. 그래서 대화도 많이 하시고 브레인스토밍도 하시고 소통도 많이 하시고, 그리고 가급적이면 조직의 기본적인 권위를 잃지는 말고, 지휘 체계는 잘 유지하되 정서는 수평적으로, 가급적이면 그래야 대화가, (직원들이) 말을 해요.

제가 공무원 사회의 특성을 봤는데 '말 안 하기 대회'를 하는 것 같더라고요. 경직되어서 '누가 더 말 안 하나'. 이것도 바꾸는 게 좋죠. 결국은 실적과 성과로 평가할 수밖에 없죠. 나머지는 거의 비슷합니다. 그러니까 말씀드렸던 대로 기본적인 방향이 엉망인 사람이 살아남았겠어요? 그건 쉽게 구분돼요. 기본적으로 불성실하다, 그것도 아주 쉽게 구분됩니다. 나머지는 역량, 이런 건데, 결국은 끊임없이 자기 역량을 키워야죠. 역량의 핵심은 어쨌든 미래를 내다보는 것입니다.

공급자를 위한 행정 편의주의보다 수요자 입장에서

그리고 이것 하나는 얘기를 좀 해야 되겠어요. 지금까지 말씀드렸던 것들의 일부이긴 한데, 강조해서 드리고 싶은 말씀입니다. 지배자, 내가 주는 사람이야. 내가 주야. 이거는 일부러 그렇게 생각하는 건 아니지만 그렇게 될 가능성이 매우 높아요. 원래 그러니까. 거기에서 행정 편의주의라고 하는 게 생겨나죠. 상대 입장보다는 행정을 더 안정적으로 편하게, 이게 수요자가 안 되어 보면 그 마음을 잘 몰라요.

행정은 수요자 입장에서 생각하고 정책도 만들고 집행하고 이러면 진짜 칭찬받습니다. 그런데 잘 안돼요. 귀찮거든요. 시간도 많이 걸리고 에너지도 많이 소모되고. 대접받는 자리, 권력이 있으면 대접받게 돼 있어요. 인정 안 할 수가 없잖아요. 대접받는 자리에 오래 있다 보면 자꾸 고개가 올라가고 허리가 뒤로 넘어가죠. 악수할 때도 앞으로 가기보다는 뒤로 넘어가는, 이상하게 그런 사람이 있어요. 악수할 때면 꼭 뒤로 넘어가. 정치인 중에 그런 사람이 있어요. 특히 일당 독재 지역에 그런 사람이 꽤 있습니다. 불가피한 측면이 있는데, 끊임없이 노력해야죠.

우리의 것을 준다는 착각을 완전히 버려야

그런데 수요자, 받는 쪽 입장에서 보면 기본적으로 을의 관계에 있지 않습니까? 똑같이 해도 서러워요. 섭섭하고, 억울하고. 친구들하고 여러분도 그런 경험을 하셨을 텐데 어느 날 친구가 나를 대하는 태도가 달라요. 나보다 더 출세한 사람들을 볼 때의 느낌, 또는 내가 더 출세했을 때의 느낌과 거의 비슷합니다. 그래서 난 평소하고 똑같이 행동하는데 왜 상대가 저렇게 느끼지? 라는 생각이 들 때가 있을 거예요. 그리고 왜 그런지도 이제는 알겠죠. 여러분도 나이도 먹을 만큼 있으니까. 똑같이 행동을 하면 내가 평소에는 같은 평지에 서 있었는데, 어느 날 보니까 내가 한 계단 더 올라가 있는 거예요. 그런데 거기서 똑같은 각도로 인사를 하면 상대는 '고개가 뻣뻣하네', '고개를 안 숙이네', 이렇게 느끼거든요. 그래서 의도적으로 한 계단 올라간 만큼 한 계단 더 숙여줘야 비로소 균형이 맞습니다. 그런데 이거 잘 안돼요. 노력해야 됩니다. 벼는 익을수록 고개를 숙인다는 말도 있지만, 잘 느낌이 안 오죠.

수급자, 수혜자 입장에서 보면 내가 국가로부터 어떤 지원을 받는다? 그거 원래 당연한 건데, 내가 세금 내고, 아무리 직장이 없어도 사이다 사 먹을 때도 세금을 내고 있는데, 그리고 국민들은 공동체로 다 똑같이 나라의 주인인데 국가로부터 내가 힘들어서 지원받는 것 너무 당연한 권리 아닙니까? 그거 헌법이 써놓은 권리죠. 그런데 세상이 하도 지원받는 건 무슨 범죄처럼, 나쁜 사람인 것처럼, 부도덕한 것처럼, 이렇게 자꾸 끊임없이 얘기하다 보니까 지원받는 게 눈치가 보이는 거예요. 그런데 거기다가 '이 사람은 지원받는 사람입니다'라고 뻘겋게 표시를 해놓으면 그 사람이 얼마나 상처받겠어요. 이런 걸 낙인이라고 그러죠.

그런데 행정을 하는 사람 입장에서는 쉽게 내 편의로 착오가 발생하지 않기 위해서, 그러면 혼나니까, 문제가 생기니까, 표시를 막 하죠. 예전에 결식아동 급식카드가 있었어요. 결식아동 카드라는 게 딱 표시가 돼 있었는데, 일반 신용카드하고 똑같이 만들었죠. 그래서 구별이 안 돼요. 쓰는 사람만 아는 거죠. 너무 좋아해요. 인격을 침해당하지 않는 우리는 생각 안 하죠. 급식 아동한테 지원받아서 밥 사 먹는 거 누가 뭐라 그러냐 하고 우리는 생각하지만, 받는 사람은 엄청난 상처를 입죠. 입장을 바꿔 생각해보지 않았기 때문에 그런 거예요.

모든 행정은 다 그런 요소가 있습니다. 우리는 뭔가를 주는 쪽에 서 있는 사람들이에요. 공급자 입장이죠. 그런데 이 공급은 실제로는 우리의 것을 주는 게 아니에요. 우리는 우리의 것을 준다고 착각에 빠질 경우가 가끔씩 있는데, 그 생각을 진짜 완벽하게 버려야 됩니다. 우리는 우리의 것을 주는 게 아니에요. 그들의 것을 돌려주는 일을 우리가 대신

맡아서 하고 있을 뿐이죠. 그 생각을 절대로 버리지 않았으면 좋겠습니다.

공직자들이 어떻게 하느냐. 조선시대의 왕이라고 하는 걸로 표현되기도 하지만, 이 공직자가 하기에 따라서 세상이 정말 흥하기도 하고 망하기도 하는데, 그럼 이 공직자들이 나라가 흥할 수 있고 국민들이 더 나은 삶을 누릴 수 있도록 똑같은 조건에서 그렇게 하도록 만들어주는 게 최고 지휘자가 할 일이잖아요.

공직자들이 자부심을 느낄 수 있도록

저는 여러분들한테 (사용할) 많은 도구를 가지고 있죠. 채찍도 당근도 가지고 있죠. 그런데 가능하면 당근을 많이 써서 스스로 자긍심, 자부심을 느끼면서 일하고 내가 나라를 위해서 이런 기여를 했어, 자식들한테도 내가 이 나라를 위해서 이런 결과를 만들어낸 어느 시대의 훌륭한 공직자 그룹의 일원이었어, 라는 평가를 듣고 여러분도 그렇게 자부심 느끼길 바랍니다. 그렇게 만들어야죠.

그런데 여기에 큰 장애가 하나 있어요. 열심히 일하면 감사를 자꾸 해요. 일 안 하면 감사당할 일이 없어요. 안전하게 가야죠. 불행하게도 이게 원래부터 있던 공직 사회의 문제입니다. '복지부동'. 월급받고, 때 되면 웬만하면 승진하고, 모두가 다 그러고 있으니까, 일종의 카르텔이라고 그럴까. 적당히 하기. 열심히 일하는 사람 보면, '아, 자식이 잘난 척하려고 괜히 저런다' 그러고, 근데 이걸 고치기 위해서 온갖 방법을 우리가 연구해냈잖아요. 적극행정면책 뭐 이런 얘기 해가면서요. 열심히 잘하려다 그런 건 책임을 묻지 않는다. 그게 조금씩 자리를 잡 잡았어요.

근데 이게 지금은 완전히 깨져버렸습니다. 열심히 하면 '바보'가 아니고 '미친 사람' 취급받게 됐어요. '지금 미쳤나, 나중에 수사받으면 어떡하려고, 나중에 감사받으면 어떡하려고…'. 지금 공직 사회가 그렇게 돼버렸죠. 열심히 안 해도 되는 일을 하는 건 바보를 넘어서서 미친 사람 취급당하기 시작했습니다.

공직자들이 할 일은 정말 산처럼 많아서 하자면 끝이 없고 안 하자면 안 해도 문제가 없는 아주 특수한 직역인데, 열심히 하면 세상이 정말 혁명적으로 바뀐단 말이에요. 그렇게 하게 만들어줘야죠. 그런데 이거를 열심히 하는 100명 중에 혹시 한 명이 나쁜 의도를 가지고 악용하지 않았을까, 그 한 명을 잡는다고 100명을 때려놨으니 누가 그 일을 하겠습니까? 그래서 적극행정면책제도나 이런 것들이 다 무용지물이 됐어요. 아무도 안 믿어요. 지금 이런 얘기해도 네가 권력을 잃은 다음에 그다음은 어떻게 책임질 건데? 이렇게 얘기하면 할 말이 없잖아요.

정치의 정상화를 위해
필요한 두 가지

물론 이것에 제일 큰 책임은 '정치의 상실'에 있습니다. 정치가 사라졌죠. 정쟁만 하죠. 서로 죽이려고 그러고, 제거해버리려고 하죠. 진짜로 편이 쫙 갈려가지고 잘해도 적 못해도 내 편, 이렇게 돼버렸죠. 잘하면 잘했다 그러고, 못하면 못했다 그러고, 잘하면 기회를 더 주고 못하면 책임을 묻고, 이게 정상적인 민주주의 시스템인데, 이제는 이게 누군가 의도에 의해서 만들었든지, 아니면 어쩌다 보니 이렇게 됐든지 간에 지금은 '편'이 많아졌습니다. '편'이 너무 강력해요. 그런데 그 속에서 정치적 중립을 통해 국민만을 위해 일해야 될 공무원들조차도 책임지기 싫어서, 정치와 정권이 바뀌거나 이래서, '내가 나중에 책임질 일을 내가 왜 하나, 안전하게 살자' 이게 트렌드가 되어버렸지 않습니까. 이걸 고쳐야 되겠다. 쉽지 않겠죠.

일단 정치를 정상화하는 건데, 이건 여러분들하고 할 얘기는 아닌 것 같고. 공직 사회의 행정을 정상화하는 제일 결정적인 것, 저는 일단은 두 가지라고 봐요. 정상적 행정에 형사사법의 잣대를 들이대면 안 된다. 돈을 받아먹었다든지, 권력을 폭력적으로 남용해가지고 질서를 어지럽혔다든지, 이러면 혹시 모르겠는데, 툭하면 직권남용이래. 내가 부하한테 지시를 하는 게 혹시 직권남용인가, 나중에 문제될 수 있는가, 여러분 걱정되시죠? 너무 심각하죠. 요즘은 기록과 녹음이 상식이 됐죠. 증거를 남긴다. 나는 시켜서 했다고, 언젠가 변명이 될지도 모르니까 (상관이) 시켰다는 증거를 남기죠.

공문으로 하는 게 아니고 전화로 하면 녹음해놓고, 아니면 비망록, 요즘 비망록 쓰는 게 유행이라고 하던데요? 이렇게 해서 뭔 행정을 하겠어요. 그래서 이 직권남용의 남용을 막기 위한 장치를 만들도록 하겠습니다.

권력, 내 의사를 타인에게 강제할 수 있는 힘, 이 권력이 공직자가 가진 힘의 원천인데, 조금만 써도 권력을 남용했다고 하는데, 이 남용의 기준이 뭐예요. 내가 느낄 때 부하가 안 하고 싶었는데 했어, 라고 하면 남용이에요. 나는 흔쾌히 하고 싶은데 시켜서 했습니다, 하면 무죄예요. 이게 말이 됩니까. 그럼 불안해서 지휘를 어떻게 합니까? 그래서 이 직권 남용죄의 남용을 막기 위한 제도적 장치 또는 관행을 반드시 만들어내야겠습니다.

두 번째는 이런 거예요. 제가 한 번 미리 얘기한 건데, 정책감사 있지 않습니까? 이게 원래 좋은 뜻으로 시작했는데 악용되기 시작했잖아요. 악용. 정책을 결정했어요. 그런데 그 정책이 예를 들면 아주 큰 효과를 냈는데도 시간이 지난 다음 나중에 보니까 이것보다 더 좋은 정책이 있었는데 왜 그렇게 했어? 너 배임죄야. 또는 실패를 했다. 너 이렇게 하면 안 할 수 있었는데 왜 그거 해가지고 실패를 해서 손실을 입혔어? 이렇게 사후적으로 평가해서 책임을 물으면 인간에게 신의 능력을 요구하는 거 아닙니까? 그걸 어떻게 알아요? 나름 최선을 다해서 판단했고, 그게 재량권이잖아요.

행정법에서 재량권을 인정하는 이유가 뭐예요? 능동적으로 대응하라고. 상황에 능동적으로 대응하기 위해서 이렇게 할 수도 있고 저렇게 할 수도 있고, 그걸 여지를 줘야 되지 딱 정해놓고 법원 판결하듯이 그렇게 하면 사회가 움직여지겠습니까? 그래서 원래 재량권을 주는 거예요.

그리고 그 재량권 안에서 정말 명백히 증명되는 고의로

그랬다면 혹시 모르겠는데, 나름 최선을 다한 결과로 나중에 보니까 상황이 달랐어요, 상황이 바뀌었어요. 아니면 조금 더 신경을 못 써서 그런 결과가 나왔다는데, 그거를 사후적으로 평가해서 책임을 묻고 징계한다고 하고 직무 감찰하고 심지어 수사 의뢰해서 고발해서 재판받으러 다니고 하면 그 일을 어떻게 합니까? 그래서 이 정책감사도 악용의 소지가 너무 많기 때문에 폐지를 하는 게 맞겠다 생각합니다.

어쨌든 이렇게 공직자들이 복지부동하지 않고 정말 국민을 위해서 최선을 다해 일할 수 있는 그런 환경을 만들도록 제가 노력할 겁니다. 그 환경 속에서 열심히 해주시고요.

선후경중의 기준: 쉽고 간단한 일부터 빨리 해치운다.

마지막으로 산더미처럼 쌓인 일을 어떻게 처리할까? 이거는 반드시 그렇게 하라는 건 아니고요. 하나의 경험으로 알려드리는 거예요. 보통 일의 선후경중을 우리가 판단하잖아요. 원래 공직 사회는 그런 거죠. 뭐든지 언제나 판단의 기준은 선후경중이죠.

어떤 게 더 먼저냐, 어떤 게 더 중요하냐, 다 해야 될 일인데 이 중에 어떤 거냐, 이게 중요하잖아요. 저는 무겁고 어렵고 이런 것들에 대한 판단 때문에 다른 일들을 미루는 걸 잘 안 하는 편이에요. 제가 여러분들한테 그걸 권장하고 싶어요. 쉽고 간단한 일부터 빨리 해치운다. 원래 공직자 책상에는 수북이 산더미처럼 일이 쌓여 있죠. 스트레스 덩어리죠. 그것만 보면 머리가 지끈지끈 아프죠. 그런데 그중에는 굵은 큰 일도 있고, 굵은 큰일인데 급하지 않은 것도 있고, 큰일인데 급한 거는 당연히 급해야죠. 근데 그게 아니면 간단한 쉬운 일부터 얼른얼른 처리를 해놓는 게 성과를 내는 데 좋더라구요.

성과 말씀을 드렸는데, 성과를 어떻게 내나, 한방은 없다는 게 제 원래 정치 행정 철학입니다. 뭐 기획을 해서 한방에 엄청난 각광을 받는 일을 해내야지, 저 그런 생각하지 않아요. 그런 거 없어요. 그런 거 있으면 다른 사람이 했겠지, 나한테 남겨놨겠습니까? 다 했죠. 그래서 그런 건 없다.

그러면 성과를 어떻게 내느냐. 쉽고 작은 일을 많이, 빨리 하는 거죠. 그래서 저는 쉽고 간단한 일부터 빨리빨리 해치우고 가능하면 내 책상에는 일을 남겨놓지 않는다. 제가 국회의원 할 때도 시장, 도지사를 할 때도 제 책상은 깨끗합니다. 없어요. 제가 할 수 있는 일을 최대한 빨리 하고 맡겨요. 그리고 가끔 물어보면 되죠. 어떻게 됐어요? 내 스트레스를 떼는 측면도 없진 않지만 정말로 고민해야 될 것 같으면 고민을 하라고 넘기는 거죠. 고민을 하라고. 당연히 그렇게 알아들으시겠지만, 쉽고 간단한 일부터 좀 해주면 좋겠고요.

쉽고 간단한 일은 중요하지 않은 일이냐? 그렇지 않습니다. 이게 수백만, 예를 들어 5,200만이 관계된 일도 있죠. 국방, 안보, 통상외교 이런 거 있겠죠. 그러나 그것도 사람들 개개인을 보면 똑같은 일이고, 개별적인 민원, 여러분들이 받게 된 수없이 많은 민원들, 그 사람들의 입장에서는 목숨이 달린 일이에요. 그 사람들한테는 대외, 대미, 통상 문제나 내가 내는 (가게가) 어디 앞에 허가를 받냐 못 받냐 하는 문제나 다를 바가 없어요. 다만 이해관계자가 숫자에 크게 차이는데, 그 한 명도 중요합니다. 그리고 여러분들이 맞닥뜨리는 민원들은 대개 최소 수백, 수천, 수만, 수십만, 수백만에 가는 것들이죠. 그런 게 널려 있습니다. 그래서 그거를 아주 단순한 간단한 일이라고 생각해도 그건 그 사람들, 상대의 입장에서는 목숨이 걸린 일, 자기 사업에 흥망이 걸린 일, 그런 일들이기 때문에 그 자체도 매우 큰 의미가 있습니다. 도저히 못하겠다 싶으면, 인력을 늘려달라고 하시면, 인력을 늘려드리도록 하겠습니다.

여러분 제가 공식적으로 드리고 싶은 말씀은 거의 다 드렸기 때문에 다음에 한번 또 기회를 갖기로 하겠습니다. 정말로 여러분들은 내 직업의 직장 또는 직업일 수도 있지만, 이거는 개인사업 또는 사적인 일과는 차원이 다른 대한민국의 운명이 달린 일을 하는 분들이세요. 그래서 여러분이 쓰는 한 시간은 5,200만 시간의 가치가 있다. 그래서 여러분은 귀한 존재들입니다. 여러분 스스로를 귀하게 소중한 존재로 여기시고, 국민들이 기대하는 만큼, 국민들이 맡긴 만큼, 책임을 다해 주시기를 진심으로 당부드립니다. 고맙습니다.

시민의 입장에서 생각하라

공급자 중심의 사고라고 있어요. 성남시 공무원을 포함에서 대부분의 공무원들은 정말 열심히 해요. 그중 소수의 미꾸라지들이 전체 이미지를 망가뜨리기도 하지만, 대체로 보면 성실하게 열심히 하려고 합니다. 그런데 열심히 하는데 결과는 좀 다른 경우가 많아요. 즉 평가가 별로인 경우가 많아요.

왜 그럴까? 입장이 달라서 그렇습니다. 우리는 평생 (행정을) 공급하는 측에 있어요. 평생을 한쪽에서, 공급하는 쪽에서 임하다 보면 생각이 굳습니다. 사람이 나빠서 그런 게 아니에요. 그래서 받는 쪽, 소위 행정 수요자 측 생각을 자꾸 잊어버리게 됩니다. 우리 쪽 입장에서 생각하게 돼요. 자동으로 그렇게 되는 거죠. 그래서 끊임없이 생각을 바꿔봐야 합니다. 이 생각 바꾸기를 잘하는 사람이 앞으로는 유능한 공무원으로 평가받을 겁니다. 왜냐하면 그래야 시민들로부터 좋은 평가를 받거든요.

그런데 이게 말로는 쉬운데 실제로는 어려워요. 그러면 어떻게 해야 하냐, 많이 들어보세요. 많이 들어보십시오. 저절로 되지 않아요. 상대측인(수요자인) 사람들과 자주 이야기하십시오. 허심탄회하게 들어보면 우리 간부 공무원들은 부하 공무원들의 말을 허심탄회하게 들어보고, 우리 행정 서비스, 제공하는 사람 측 사람들은 제공받는 측 이야기를 많이 들어보고. 어렵게 이야기해서 그렇지 소통이란 말은 간단하게 정리됩니다. 우리 공직자 여러분도 시민의 입장에서, 입장 바꿔서 생각했으면 좋겠어요.

2014년 7월 7일,
성남시 공직자 2,500여명이 함께하는
첫 월례조회에서

어느 조직보다 우선되는 공정함과 정직함

치열한 경쟁을 뚫고 공직자의 길을 시작하면 기대했던 대로 많은 혜택도 누릴 것이지만, 그 길이 쉽지만은 않다는 것도 금세 알게 된다. 공무원이란 어느 직업군보다 친절이 요구되며, 국민 삶의 수준이 높아지고 사회 요구가 다양화됨에 따라 업무량도 기하급수적으로 늘고 있는 추세다.

공직 사회에서 청렴은 무엇보다 필수다. 순간의 유혹을 못 이겨 저지른 비리로 어렵게 얻은 공직에서 이탈하는 경우가 많다는 것을 볼 때, 조심하고 또 조심하지 않으면 나도 모르게 타성에 젖어 부패하기 쉽다는 것을 알 수 있다.

공무원이란 청렴하고 거짓이 없어야 한다. 내가 하는 모든 행위는 국민을 대신해서 하는 것이고, 마찬가지로 내가 사용하는 모든 재정도 국민을 대신하여 쓰는 것이다. 어느 조직보다 공정함과 정직함이 요구된다는 것. 이 점을 꼭 기억해주길 바란다.

2016년 12월 20일,
《법률저널》 인터뷰 기사 중
'바람직한 공직자의 자세'에 관하여

공직자의 시간의 가치

'100만 도시 시장의 한 시간은 100만 시간의 가치가 있다.' 진짜 그렇습니다. '5,000만 살림을 책임지는 대통령의 한 시간은 5,000만 시간의 가치가 있다.' 최종 책임자가 1분을 투자하면 그 1분의 혜택을 구성원 전체가 보는 거예요. 그래서 공무원인 거죠. 공무, 많은 사람이 관계된 공적인 역할을 하는 사람이 그 역할을 잘하면 혜택이 엄청나게 크거든요. 못하면 그 손실이 엄청나게 크게 영향을 미치기 때문에, 그래서 '공무원'이라고 부르죠.

공직자는 세 가지만 하면 됩니다. 나쁜 짓 안 하고(청렴), 공정하게 권한 행사하고(공정), 열심히 하는 것(성실). 뭐가 더 필요하겠어요. 누군가로부터 위임받은 예산, 권한을 공정하게 쓰는 것, 남용하지 않고 열심히 일하는 것, 이것만 잘하면 대한민국 사회가 엄청나게 좋아질 수 있거든요. 좀 그렇게 됐으면 좋겠어요.

2015년 5월 27일,
이재명 성남시장 경남 강연
〈대한민국의 미래, 복지를 말하다〉 중에서

공무원의 거짓말은 가장 큰 범죄

저는 민주주의 특히 대의민주주의 체제에서 공직을 맡은 사람들이 하는 거짓말은 가장 큰 범죄라고 생각합니다. 주권자한테 거짓말을 하면 주권자의 판단이 왜곡되잖아요. 공직에 있는 사람들이 공적 업무와 관련된 거짓말을 하는 것은 정말 엄중한 책임을 물어야 됩니다.

2016년 8월 3일,
시드니대학교 초청 강연회
〈복지, 분권, 자치를 말하다!〉 중에서

햇볕에 얼굴 안 타고 농사 지을 수 없다

원래 농사지으려면 햇볕에 얼굴이 타야지 얼굴 안 타고 어떻게 농사를 짓겠어요. 그렇죠? 고기를 잡으려면 물에 젖어야지 물에 안 젖고 어떻게 고기를 잡겠습니까? 그런 것처럼 우리 경기도가 하고 있는 개혁 정책, 또 여러분들이 열심히 찾아주시는 새로운 정책들, 이런 게 정말로 대한민국을 전혀 새로운 대한민국으로 만들 수 있을 거라고 생각해요. 우리의 작은 선택 하나로, 우리의 작은 아이디어 하나로, 수백 수천 명의 사람들이 죽을 위기에서 벗어날 수도 있습니다. 이게 우리가 공직을 하는 의미 아니겠어요? 그런 거 같이 좀 해주시면 좋겠습니다.

2018년 11월 30일,
경기도 확대간부회의에서

공익 제보의 중요성

'독점'과 '선택적 정의'의 영역을 최소화해야 하고, 민간 영역에서 부정부패를 찾아내서 제보하고 교정을 요구하는 행위들을 권장해야 합니다. 직업으로서의 신고, 공익적 제보를 위한 회사 같은 것도 권장할 만하다고 생각합니다. 때문에 경기도에선 포상에 상당히 비중을 두고 있습니다.

당연히 제보자 보호도 매우 중요합니다. 장하나 전 의원님께서도 "작은 시민단체들이 제보자 보호를 못해드려서 삶이 나락에 빠지는 경우가 많다"고 말씀하셨듯이, 제보에 대한 포상과 격려와 함께 신원보호 등 강력한 법률적 보호 정책이 반드시 필요합니다.

2021년 1월 28일,
공익 제보 활성화를 위한
사회단체·기관 업무 협약식에서

이재명 공직자론

초판 1쇄 2025년 11월 10일 발행

엮은이 모경종
펴낸이 김현종
기획총괄 배소라 **출판본부장** 안형태
편집 최세정 진용주 황정원 김수진 장진경
디자인 조주희 김연주 **마케팅** 김예리 신잉걸
미디어·경영지원본부 이주리 문상철 백범선 박윤수 남궁주철 함동원

펴낸곳 ㈜메디치미디어
출판등록 2008년 8월 20일 제300-2008-76호
주소 서울특별시 중구 중림로7길 4
전화 02-735-3308 **팩스** 02-735-3309
이메일 medici@medicimedia.co.kr **홈페이지** medicimedia.co.kr
페이스북 medicimedia **인스타그램** medicimedia

© 모경종, 2025
ISBN 979-11-5706-479-3(03350)